O QUE ACONTECEU NA NOSSA INFÂNCIA E O QUE FIZEMOS COM ISSO

LAURA GUTMAN

O QUE ACONTECEU NA NOSSA INFÂNCIA E O QUE FIZEMOS COM ISSO

Tradução
Mariana Corullón

Ilustrações de
Paz Marí

10ª edição

Rio de Janeiro | 2024

CIP-BRASIL. CATALOGAÇÃO NA PUBLICAÇÃO
SINDICATO NACIONAL DOS EDITORES DE LIVROS, RJ

G995q
10ª ed.

Gutman, Laura, 1958-
    O que aconteceu na nossa infância e o que fizemos com isso / Laura Gutman; tradução Mariana Corullón. – 10ª ed. – Rio de Janeiro: Best*Seller*, 2024.
    il.

    Tradução de: Qué nos pasó cuando fuimos niños y qué hicimos con eso
    ISBN: 978-85-4650-043-7

    1. Comportamento humano. 2. Avaliação de comportamento. 3. Psicologia. I. Corullón, Mariana. II. Título.

17-41364

CDD: 658.314
CDU: 658.310.42

Texto revisado segundo o novo Acordo Ortográfico da Língua Portuguesa.

Título original
QUÉ NOS PASÓ CUANDO FUIMOS NIÑOS Y QUÉ HICIMOS CON ESO

Copyright ©2016 by Laura Gutman
Copyright da tradução © 2017 by Editora Best Seller Ltda.

Design de capa: Oporto Design
Imagem de capa: Istock/archideaphoto

Todos os direitos reservados. Proibida a reprodução,
no todo ou em parte, sem autorização prévia por escrito da editora,
sejam quais forem os meios empregados.

Direitos exclusivos de publicação em língua portuguesa para o Brasil
adquiridos pela
EDITORA BEST SELLER LTDA.
Rua Argentina, 171, parte, São Cristóvão
Rio de Janeiro, RJ – 20921-380
que se reserva a propriedade literária desta tradução

Impresso no Brasil

ISBN 978-85-4650-043-7

Seja um leitor preferencial Record.
Cadastre-se e receba informações sobre nossos lançamentos e nossas promoções.

Atendimento e venda direta ao leitor
sac@record.com.br

Dedico este livro aos meus filhos:
Micaël, Maïara e Gaia.

Sumário

Para ler a partir do ponto de vista da criança que fomos	9
A força do discurso enganado	23
A semente do sofrimento humano	39
A distância entre o registro interno e o discurso enganado	51
Organização da loucura	67
A ingestão de medicação psiquiátrica	83
Filhos da loucura	97
Refúgios, guaridas e esconderijos	111
O problema da lealdade	125
Cenários e personagens habituais	133
O caos	161
A leitura como refúgio	175
O vulcão	185
A prescrição médica	195
A fuga	209
A solidão da montanha como refúgio	221
A fantasia como refúgio	229
Pensar a sociedade a partir das perspectivas individuais	239
Guia para ler os meus livros	249

Para ler a partir do ponto de vista da criança que fomos

Compartilho com os leitores minha evidência mais tangível: as criaturas humanas precisam, durante toda a infância e adolescência, ser amadas pela mãe ou por uma pessoa maternante por meio de cuidados amorosos, até que estejam em condições de andar com suas próprias pernas. Ainda que nossa civilização proponha totalmente o contrário. Ainda que a maioria das mães — apesar de terem boas intenções — não saiba cuidar de nós, não possa nos proteger, não vibre em uníssono com nossas percepções, não sinta nossos obstáculos nem acompanhe o desdobramento do nosso ser essencial. Por quê? Porque, por sua vez, elas também foram distanciadas de suas próprias interioridades, em um encadeamento transgeracional antigo. Portanto, será muito difícil nós nos tornarmos pessoas amorosas.

Por isso, minha preocupação reside em encontrar recursos para amar as crianças. Sabendo que, para amá-las, antes precisamos reconhecer o que aconteceu conosco quando fomos crianças. Se não abordarmos nossa realidade afetiva, nossas deficiências, nossas necessidades não satisfeitas e nossos medos, não poderemos dar prioridade às necessidades genuínas do outro.

Parece uma proposta simples, mas não é. Porque todos os adultos são — em maior ou menor proporção — crianças machucadas. Se reconhecemos isso, reagimos automaticamente, queimados pela dor. Somos culpados? Não. Somos os responsáveis? Sim.

Eis aqui a diferença entre ser adulto e ser criança. As crianças não são responsáveis pelas suas reações porque dependem do cuidado dos mais velhos. Por outro lado, os adultos — inclusive se provêm de histórias difíceis — já são autônomos, ou seja, podem escolher. Portanto, nós somos, sim, responsáveis pelas nossas ações. Mas não se pode começar pela frase "como ser uma boa mãe". Primeiro temos de investigar o que aconteceu conosco em nossa infância.

Mesmo que vários professores de todas as regiões do mundo ao longo da história da humanidade nos ofereçam roteiros diferentes perseguindo o mesmo objetivo, eu inventei um. Denominei-o "biografia humana", amplamente descrito nos livros *A biografia humana*, *O poder do discurso materno* e *Amor o dominación. Los estragos del patriarcado*. Porém, à medida que eu continuava trabalhando, havia uma quantidade importante de pacientes com quem, durante muitos anos, não conseguíamos encaixar as últimas peças. Discutíamos em equipe, mudávamos de hipótese, até que, aos poucos, comecei a compreender: eu estava diante da prova de que a loucura se organizava na psique de um jovem exausto de brigar para ser amado, esgotado de tanto desespero para ser aceito pela mãe e, finalmente, decidido a deixar de sofrer. Aos poucos fui reconhecendo um recurso mais habitual do que supunha: inventar, fantasiar, mudar, ajustar a realidade ao gosto de cada indivíduo se tornava uma manobra inteligente e eficaz.

Acabei considerando que a loucura é a distância que estabelecemos entre o que existe — evidente e palpável — e a ideia que temos, por mais estranha, extravagante e sem sentido que seja; porque — como vou explicar detalhadamente nos capítulos seguintes — tivemos de desfazer qualquer conexão com a realidade, uma vez que esta foi extremamente dolorida e sofrida quando éramos pequenos e não contávamos com recursos para fazer alguma coisa diferente a respeito.

Ao mesmo tempo, fui detectando as loucuras coletivas enquanto lia jornais, via televisão, escutava conversas entre amigos ou simplesmente analisava os relatórios dos consultantes que atendemos em nossa Instituição. Fui constatando que a deturpação da realidade — tanto nas vidas individuais quanto na vida coletiva — está muito mais presente do que pensamos. E, ainda que seja um tema árido e ingrato, decidi organizar e escrever tudo o que entendi sobre o assunto até hoje.

Para me desprender mais uma vez das propostas psicológicas e psiquiátricas, esclareço que não me interessam diagnósticos convencionais. Vou explicar isso nos próximos capítulos.

Mas por que se meter em algo tão complicado? Com o passar dos anos, fui adquirindo mais experiência e identifiquei a maneira como se reorganiza o desequilíbrio emocional em um indivíduo que nasceu psiquicamente saudável, como nascem todos os seres humanos. À medida que o mecanismo usual de ir enlouquecendo se tornou mais evidente para mim, comecei a registrar que a loucura — em diferentes graus e sob diferentes diagnósticos — é uma consequência muito mais comum do que supomos. Então, senti que não tinha alternativas: meu dever era compartilhar com a humanidade aquilo que eu agora sabia. Principalmente se eu queria fazer alguma coisa em relação ao futuro.

Claro que estou assumindo riscos. De todas as maneiras, venho assumindo riscos há anos, ao resistir ao conforto das ideias convencionais. Não simpatizo com nenhuma teoria se não sinto que ela cabe nas zonas mais profundas do meu interior, sobretudo se não coincide milimetricamente com a realidade. Falar sobre a loucura e rever as responsabilidades individuais que temos — especialmente por transferir aos nossos filhos os preceitos e as ideias adquiridas no passado sem que ninguém inclua qualquer tipo de reflexão — é arriscado, eu sei. Mas é mais forte do que eu. Não faço este trabalho para que gostem de mim. Faço porque é o propósito da minha vida: quero transmitir algo que eu sei e que, além disso, é verdadeiro·

as crianças nascem boas, amorosas, perfeitas e prontas para amar. Os adultos precisam estar a serviço das crianças e não o contrário. Não há motivos para tentar consertar as crianças, assim como não é necessário educá-las, mas sim o contrário: precisamos que elas nos guiem. Só que nós imaginamos o contrário. A vida cotidiana está organizada de tal modo que as crianças devem se adaptar às necessidades dos adultos. Aí está o nó invisível e depredador da nossa civilização. O patriarcado precisa de crianças famintas e furiosas que possam se transformar em guerreiros sangrentos e vorazes. Por outro lado, se quiséssemos fazer algo diferente, amaríamos as crianças para gerar uma civilização solidária e ecológica.

Como foi o processo? Como passei de estar a serviço dos puerpérios das mulheres para algo tão desorganizado e difícil de apreender como são os casos de loucura? Descrevi nos meus livros anteriores que conto com uma boa equipe de profissionais treinados para utilizar a metodologia da **biografia humana**. Ainda não achei um bom nome para denominá-los. Às vezes os chamo carinhosamente de "beagadores". Pelo fato de serem os usuários da **biografia humana**, nossa querida amiga, que chamamos carinhosamente de "BH" ("beagá"). Não sei o nome que têm. Na verdade, minha equipe de beagadores abre as portas a todos aqueles que tenham lido algum dos meus livros e queiram tentar esse tipo de indagação pessoal. Assim, temos trabalhado há anos com pessoas de todas as partes do mundo (já que hoje em dia a maioria das consultas é realizada via Skype). Em geral, nós nos defrontamos com infâncias atravessadas por violências de todas as cores.

Eu sei que os meus leitores preferem que eu fale sobre os problemas do cotidiano dos nossos filhos: as brigas pela manhã porque não querem ir à escola, os broncoespasmos, os problemas de comportamento, as crises de pânico, o vício em doces, as noites de choro ou o que quer que nos preocupe urgentemente hoje.

Entretanto, não só já escrevi sobre esse leque de assuntos como estou cada vez mais segura de que o mais urgente é compreender precisamente de onde viemos. Esse é o primeiro grande passo. Quase sempre queremos pulá-lo, mas dessa forma não obtemos os resultados esperados.

Por que eu insisto em denunciar que a nossa infância foi muito mais horrível do que nos recordamos? Porque o mundo está muito mal. De fato, tanto nas instâncias coletivas — guerras, imigração massiva, presídios superlotados — como nas individuais — assassinatos, violência de gênero, doenças, *bullying*, roubos, maus-tratos na família —, essa é a evidência. Tenho certeza de que podemos transformar o mundo se mudarmos individualmente, sobretudo se recuperarmos nossa capacidade de amar. Pois bem, para recuperar os nossos melhores dons teríamos de compreender exatamente o que nos aconteceu e o que fazemos hoje, no modo automático, com o que nos aconteceu. O nível de desconexão com a realidade, a deturpação e as diferentes formas de loucura são um mecanismo — mais um — de sobrevivência que é necessário compreender.

Talvez o que está descrito nestas páginas pareça árido. Tentarei desdobrar toda a minha compaixão e todo o meu amor a serviço da humanidade. Há muitas maneiras de sobreviver ao desamparo. Cheguei à conclusão de que a loucura — em qualquer de suas formas — é um mecanismo inteligente da consciência. Por isso, é uma pena que condenemos massivamente todos os indivíduos que estão sofrendo a ponto de precisar deturpar a realidade para conseguir tolerá-la, isolando-os, idiotizando-os por toda a vida com medicação psiquiátrica ou submetendo-os a diagnósticos discutíveis. Tentarei demonstrar que deveríamos voltar à origem do mal em vez de condenar as vítimas do horror. Esta é minha nova contribuição à consciência da humanidade, e espero que ela possa ser lida e compreendida com grandeza de espírito e intenções renovadas para fazer o bem.

Cada um de nós pode se conhecer mais e talvez, no futuro, produzir mudanças em direção a algo melhor. Levando isso a uma instância coletiva, acontece a mesma coisa: o fato de a realidade social ser um reflexo daquilo que, sem perceber, construímos a cada segundo da nossa vida é uma boa notícia. Significa que mudar para melhor depende de cada um de nós.

Também quero compartilhar com meus leitores que ensinar esta abordagem de construção da biografia humana é muito, muito difícil. Eu o faço desde 1996, em minha Escola. Não é infalível, nem é o melhor sistema de indagação que existe no mundo. Mas tentamos trabalhar com a maior honestidade possível, colocando todos os elementos sobre a mesa e convidando o consultante a percorrer sua realidade emocional, assim como a dor que tenha guardado, juntos.

O método não é o fim, mas um meio possível para chegar ao objetivo: que reconheçamos a falta de amor pela qual passamos, o que fizemos para sobreviver a essas circunstâncias e como esses mecanismos, que em alguma ocasião foram úteis, algumas vezes se transformam em depredadores daqueles a quem mais amamos. O objetivo supremo é que aprendamos a amar, inclusive se não fomos suficientemente amados. Se não tomarmos essa decisão — a decisão de amar —, então, pelo menos estaremos conscientes de que escolhemos outra coisa, usando nosso livre-arbítrio e sendo responsáveis pelos nossos atos, já que os praticamos de maneira consciente.

Além da técnica, da formação permanente, da minha supervisão, da minha intuição e do meu comprometimento com cada indivíduo que se aproxima da nossa Instituição, há algo que deve acontecer durante as sessões: uma corrente amorosa, humilde, generosa e altruísta entre o profissional que acompanha e o indivíduo que procura se conhecer melhor. O profissional deve colocar toda a sua capacidade intuitiva, o seu amor e a sua disponibilidade afetiva no trabalho — inclusive evocando seus próprios deuses para que lhe deem assistência —, já que as circunstâncias são de forte compromisso emocional. Realmente, nós nos envolvemos afetiva e intelectualmente, entendendo que assim teremos mais chances de acertar em cheio na investigação que empreendemos juntos. O interesse em descobrir do que somos feitos e em recuperar os pedaços perdidos por lutar tanto no inferno da sobrevivência nos mantém ativos e esperançosos.

Em minha Escola, eu conto com uma equipe de profissionais capacitados. Todos atendem homens e mulheres adultos mediante esse sistema. Ainda que as vidas dos indivíduos sejam diferentes umas das outras, é comum encontrar obstáculos parecidos nas abordagens. Um entrave frequente quando trabalhamos com o sistema da **biografia humana** é a quantidade de interpretações que temos sobre nós mesmos e sobre os outros. Dedicamos bastante energia a desfazer as suposições e as opiniões, já que buscamos apenas a **realidade real**. Não aquilo que as pessoas acreditam, nem o que pensam ou o que valorizam, mas o que nos aconteceu desde que éramos crianças, inclusive se não nos lembramos.

Todos estão muito presos às opiniões. De fato, quando há uma oportunidade — em alguma palestra —, me perguntam o que eu penso sobre as crianças de alta demanda, sobre o papel de pai ou as vantagens e desvantagens de ser mãe solteira. Entretanto, por que pedimos a alguém que não nos conhece uma opinião sobre um tema que é crucial em nossa vida (por exemplo, o fato de criar uma criança sozinha)? Deveríamos perguntar isso a quem? Ao nosso filho, claro! Mas isso não passa pela nossa cabeça. Se por acaso perguntamos a ele, não gostamos da resposta. Por isso, vamos a uma palestra a fim de perguntar a uma senhora que supostamente entende desse assunto.

É insólito. Estamos tão distantes de nós mesmos que preferimos questionar os desconhecidos sobre o que a criança pede.

Por isso, não interessam as opiniões abalizadas sobre qualquer assunto. Precisamos, urgentemente, apoiar cada indivíduo — nesse caso, cada mãe — para reconhecer quem é. Logo ela saberá ouvir a si mesma e poderá acolher o seu filho. E, com sorte, poderá satisfazê-lo. Ponto final.

Costumo relatar que minha investigação começou atendendo mães nos anos 1980. Logo percebi que a chave estava na infância que elas haviam vivido e naquilo que tinham feito, inconscientemente, com o que havia acontecido com elas. Todos tiveram infâncias: homens e mulheres. Por isso, depois passei a atender qualquer pessoa que quisesse indagar sobre si mesmo. Com o passar dos anos, as mães deixaram de ser objeto de pesquisa para mim e para minha equipe de profissionais. Definitivamente, deixaram de ser assistidas aquelas que estavam presas à ideia de receber bons conselhos sobre a criação de seus filhos. Ainda que no inconsciente coletivo essa ideia perdure, por mais que eu me esforce para explicar, aqui e ali, que nós investigamos os cantos escuros da alma. As crianças não são nosso objetivo imediato. No máximo, o objetivo são os adultos que as estão criando.

Quando entramos nas sombras de cada indivíduo, deparamos com uma imensidão inabordável. Entretanto, devemos começar por algum lugar, por mais que seja um recorte fictício. Proponho evocar a infância ainda que o maior obstáculo seja aquilo que o indivíduo relate, pois estará constituído de uma overdose de **discursos enganados**, como descrevi detalhadamente nos livros O *poder do discurso materno* e *Amor o dominación. Los estragos del patriarcado*. Nossas lembranças, experiências e interpretações estabeleceram-se sobre a base daquilo que **alguém muito importante nos disse**. Esse alguém, na maioria dos casos, foi a nossa mãe. Por que apontamos para a nossa **mãe**? Porque ela foi a pessoa mais importante com quem nos vinculamos durante a infância, caso tenhamos sido criados por ela. Nós nos lembramos dela como uma pessoa cruel, alguém sem recursos ou uma vítima; organizamos nosso sistema de crenças a partir do seu ponto de vista. Não temos consciência do grau de **coincidência emocional** que estabelecemos com nossas mães ou com a pessoa que nos criou. Nós, os beagadores (profissionais treinados para acompanhar as beagás [biografias humanas]), temos de detectar e desativar essa **lealdade emocional**. Mas por que faríamos algo assim? Porque estamos tentando encontrar a **criança real** que esse indivíduo foi. Sem opiniões contra nem a favor.

Isso costuma ser revelador para os consultantes. Em algumas ocasiões, eles acham inaceitável. Nós chamamos a atenção para a diferença entre o **discurso materno** (tudo aquilo que nossa mãe nomeou, pensou, valorizou ou temeu) e a realidade tal como foi vivida por nós. Se nós organizarmos as lembranças a partir da lente da nossa mãe, nosso ponto de vista estará marcado. Quero ressaltar que nenhuma criança pode construir um olhar fora da lente materna — ou da pessoa que a criou.

A dificuldade é que não contamos com o ponto de vista das **crianças que fomos**. Isso é o que o beagador vai imaginar. Como ele consegue? Acontece que é factível aprender a organizar as **biografias humanas**, mas isso também requer olfato, intuição e uma cota de magia. Some a isso interesse, amor, disponibilidade e generosidade. E também uma mente ágil e perspicaz. Devemos nos lembrar de que desejamos encontrar algo que ninguém viu. Portanto, não podemos nos apegar a teorias desgastadas nem repetir o que aprendemos em casos anteriores, já que cada **biografia humana** é um novo desafio, e, como tal, será única. Um artista nunca poderá pintar duas telas iguais. Um detetive não vai encontrar dois crimes idênticos. Na investigação das **biografias humanas** acontece a mesma coisa.

Como abordar as lembranças infantis do consultante que — paradoxalmente — não se lembra? Esse é o desafio. Por isso, eu afirmo que este trabalho se assemelha às investigações dos detetives, mais do que aos tratamentos psicológicos. Temos de procurar e encontrar algo que não é nada evidente para o indivíduo. É como procurar a **sombra**. Então, em primeiro lugar, procuramos saber de quem é o discurso. Os consultantes se surpreendem ao constatar que aquilo em que sempre haviam acreditado cegamente pode ser questionado, já que não lhes pertence. Acontece que as nossas crenças não são nossas, mas sim ideias organizadas dentro do **pacto de lealdade que celebramos com nossa mãe**.

De qualquer forma, nosso propósito é encontrar um tesouro escondido, que é **a criança que nosso consultante foi**. Quando a encontramos, concluímos que **a dimensão do desamparo** vivido foi enorme. Exagero? Eu adoraria que tudo isso fosse fruto da minha imaginação. Mas não. A realidade se impõe. É difícil encontrar uma criança que tenha sido atendida em todas as suas necessidades amorosas básicas. Nossa civilização nos treina para a luta e a conquista, não para a solidariedade ou para a empatia. Por isso, quase todas as crianças são sobreviventes do terror infantil.

Em meus livros anteriores, descrevi um leque de mecanismos de sobrevivência aos quais denominei personagens. A escolha inconsciente de um *personagem* — fruto da infância e da adolescência que experimentamos — constitui a base sobre a qual vai transcorrer o restante da nossa vida. Por isso é tão importante compreender com lucidez e inteligência o quebra-cabeça sobre o qual se apoiará nossa futura estrutura. Não é possível construir um belo edifício se o esqueleto de ferro não é consistente, ainda que essa estrutura não seja vista por ninguém e fique localizada no interior dos muros. Quando um edifício foi malconstruído, não há outra solução a não ser derrubar — dolorosamente — as paredes. Deve-se bater, derrubar, cortar e revisar o interior. Se o reparo for superficial, em pouco tempo as rachaduras voltarão a aparecer. Por outro lado, quando as construções são sólidas, nós podemos renovar, mudar e reformar sem perigo. Não interessa quantas paredes nós vamos modificar: simplesmente temos liberdade de ação porque contamos com uma estrutura sólida.

Com as **biografias humanas** acontece a mesma coisa: depois de estabelecer uma ordem lógica e verdadeira no traçado de cada *cenário*, é possível vislumbrar as opções com as quais o indivíduo contou. Logicamente, nós continuaremos investigando e abordando tudo aquilo que tenha acontecido, cronologicamente. Mas, em geral, não é necessário entrar em detalhes. Falando como detetive: se nós encontrarmos o assassino, vamos ter provas do crime e o caso estará resolvido; alguns detalhes simplesmente confirmarão os acontecimentos, mas não mudarão a investigação substancialmente.

Somente quando aprendemos a observar com olhos bem abertos **a totalidade de uma trama** — que, insisto, inclui minimamente a vida inteira de um indivíduo e, se for possível, também a lógica de alguns ramos da árvore genealógica — podemos compreender a atualidade, que em geral é o que interessa ao consultante. Mas a atualidade não é mais que um *continuum* razoável de tudo aquilo que nós compreendemos. Dito na forma de metáfora: se nós determinarmos que a água do tanque é amarela, nunca vamos descobrir, ao final da estrada, que a água é roxa. No máximo ela poderá adquirir um tom de amarelo mais brilhante. Quando nos acostumamos a olhar para o todo (tanques de água completos), parece fácil, evidente, claro e óbvio.

Por que nós nunca tínhamos visto as coisas dessa maneira? Porque estávamos do lado de dentro. Porém, agora fomos convidados a observar de fora para dentro, objetivamente.

Pois bem. Acompanhar pessoas de carne e osso que reveem os estragos da sua infância e compreender os personagens que organizaram para sobreviver a esses níveis de desamor é muito ingrato. Por quê? Porque a infância e a realidade atual da maioria das pessoas são muito difíceis. Estamos todos refugiados nos papéis que nos deram segurança no passado, e não estamos dispostos a abandoná-los. Qual é o problema? Os beagadores sabem que as crianças estão pagando a conta. Crianças abandonadas. Crianças que cuidaram dos seus pais. Crianças que estão cansadas de adoecer para receber cuidados. Crianças que criam sintomas de todo tipo. Nós compreendemos que as crianças estão presas e dependem de que seus pais façam — ou não — movimentos em favor delas. Mas esses adultos olharam para suas próprias realidades e decidiram seguir do jeito que estavam. O que podem fazer os beagadores? Pouco ou nada. No máximo, observar várias vezes o mapa completo com o adulto em questão — o tanque de água completo —, mostrar com clareza e veemência o lugar de desamparo no qual ficam as crianças, pressentir um futuro injusto para elas e oferecer sua disponibilidade para quando esse indivíduo tiver vontade de rever novamente toda a sua trama. Estou dizendo que, quando não somos nós quem sofremos, dificilmente vamos mudar. Ainda que se trate dos nossos próprios filhos.

A boa notícia é que todos nós contamos com um novo ponto de partida: a maternidade e a paternidade são — em minha opinião — **funções altruístas** por definição. Tudo é a favor da criança. Nada é a favor dos pais. Em uma relação saudável, os pais oferecem à criança **tudo, em troca de nada**. Entretanto, todos sabemos que, durante o período de criação de bebês e crianças muito pequenas, a dificuldade dos adultos para desdobrar seu altruísmo é enorme. As mães reclamam que não têm tempo para si mesmas. Os homens se queixam de não receber atenção de suas mulheres. E ambos concordam que a criança os solicita muito e poderia ser menos exigente. Portanto, nós fazemos o necessário para ela compreender que vai ter que se frustrar, se ater aos limites que lhe serão impostos e aceitar que o mundo é um lugar hostil e que, no máximo, vai se sentir melhor quando crescer.

As funções *maternas e paternas* deixam claras as nossas deficiências. Se não temos filhos pequenos, podemos esconder nossa falta de altruísmo, já que não há outras instâncias tão exigentes em termos afetivos. Mas, diante da presença dos filhos, as coisas não se resolvem só com boa vontade. Todos nós, pais e mães, afirmamos que queremos dar o melhor aos nossos filhos. Porém, em confronto com a demanda real e concreta da criança, simplesmente não conseguimos. Por quê? Porque estamos ainda famintos de carinho, amparo e proteção, coisa que **não recebemos quando fomos crianças**. Por isso — insisto — as **biografias humanas** atendem — em primeiro lugar — ao adulto machucado que ainda pede a atenção da criança que um dia foi.

Quando não há crianças pequenas no cenário, temos outros indicadores: doenças, conflitos, perdas, depressão ou guerras afetivas. Esses sintomas também são expressões de uma verdade. Em todos os casos, a tarefa do beagador que acompanha o processo de construção da **biografia humana** é organizar, colocar as peças que faltam, sintetizar uma imagem, acompanhar o indivíduo durante um lapso de tempo até que ele possa cotejar com fatos concretos aquele que está olhando com novos olhos sobre sua própria trama. Isso é tudo. Logo, quando o indivíduo pede ajuda ou suporte para fazer movimentos, logicamente, nós podemos acompanhar. Mas a nossa tarefa não é forçar a mudança. Nem sequer desejar a mudança. O desejo ou a decisão de mudar as coisas nesse cenário serão — ou não serão — patrimônio do consultante.

Não pretendo apavorar os meus leitores. Apenas reitero que toda a metodologia desse trabalho está amplamente descrita no livro *A biografia humana*. E que, à falta de referentes dentro da civilização patriarcal, eu utilizo aquele que — acredito — é o mais confiável de todos: **as criaturas humanas tal qual chegam ao mundo**. Por ora continuam nascendo milhares de bebês todos os dias, portanto, renovamos nossa oportunidade para **voltar ao centro do amor** de novo e de novo. Os bebês são e continuarão sendo meus melhores guias para registrar a distância entre os seres humanos tal como foram desenhados e o que acontece com eles depois que nascem.

Devo aos meus leitores mais um esclarecimento: todos os meus textos são escritos na primeira pessoa do plural: nós. Nós, os homens; nós, as mulheres; nós, as crianças; nós, os temerosos; nós, os apaixonados; nós, os violentos; nós, os esperançosos; nós, os furiosos. É um recurso literário? Não. É uma maneira de entender a inteligência e de nos vincularmos ao lugar de que fazemos parte como seres vivos. Nos pertence até mesmo aquilo de que não gostamos ou que não nos convém. Se nos pertence, se faz parte de nós, somos capazes de compreendê-lo. E, uma vez compreendido, não precisamos julgá-lo. Para que serve compreender? Para acessar uma realidade ampliada e poder — se desejarmos — modificar nossa própria realidade. A nossa, não a do próximo.

Por meio dos meus escritos, tento compartilhar com os leitores as investigações, as dificuldades e as desesperanças na hora de acompanhar cada indivíduo no limite de sua escuridão. Minha alma dói a todo momento. Sinto o desespero de cada pessoa como se eu o vivesse dentro de cada um. Às vezes experimento um nível de dor insuportável, pois sou capaz de entender a loucura que se instala, a fantasia, os autoenganos e até mesmo as reações exageradas. Quero justamente aproximar esse entendimento de todos, de modo que — em sintonia com o "si mesmo"*— possamos tomar decisões benéficas para o próximo. É disso que trata este livro.

A vida é curta. Todo o amor que possamos derramar quando deixamos de nos proteger de nós mesmos não será para nosso próprio bem-estar, mas sim para o próximo. Então, nossa vida terá valido a pena.

---

* O "si mesmo" e o "ser interior" significam a mesma coisa. A autora refere-se ao ser autêntico, à totalidade do ser. [N. da T.]

A força do discurso enganado

Entre todas as percepções com as quais convivo, costumo registrar com precisão as interpretações distorcidas que a maioria das pessoas tem com relação à realidade. Isso acontece tanto **na vida privada como na pública.** Talvez seja mais fácil perceber se observarmos a atualidade social ou também a história de qualquer país: coletividades inteiras costumam acreditar em **relatos enganados** de dirigentes políticos ou grupos de poder — seja por meio do jornalismo, das campanhas políticas ou da militância na área que for. Se prender a qualquer **relato coletivo** e procurar ali uma ordem e um lugar de identidade é comum. Por quê? Porque desde a infância fomos desterrados do único âmbito no qual precisávamos permanecer para desdobrar nosso eixo espiritual: **o território do amor materno.** Então, mais tarde nós procuramos algo que não tivemos: um ninho acolhedor.

COMPENSANDO A FALTA DE AMOR MATERNO

Quando nascemos, ainda não somos seres sociais, mas sim **seres fusionais.** "Somos" na medida em que estamos **em comunhão física e espiritual** com nossa mãe, fonte de alimento, proteção, prazer e segurança. Se isso, hipoteticamente, acontecesse mais tarde, na vida adulta — de acordo com o nosso próprio ser, único e intransferível —, seríamos capazes de gerar territórios próprios e visitar territórios alheios no marco das relações recíprocas e abundantes. Mas isso não acontece. Por que não acontece? Porque ainda estamos ávidos por pertencimento.

É assim que se gera um erro existencial. Nós nos alienamos em qualquer corrente de pensamento, sistema moral, ideologia política ou sistema religioso que nos traga isso: um lugar de identidade, na medida em que o problema é o que buscamos, **distanciados do nosso ser essencial,** quer dizer, sem o guia da nossa bússola interna. Portanto, suspeitando interiormente de que esses âmbitos são emprestados ou que somente seremos aceitos sob certas condições, faremos o que for preciso para não perdê-los. É assim que organizamos defesas acaloradas no seio de discussões ideológicas, políticas ou religiosas, sempre com a esperança de fazer parte de um âmbito fechado, ou seja, reservado para poucos.

Entendo que a diferença entre as **escolhas conscientes** de certas ideologias ou sistemas morais e a necessidade imperiosa — e infantil — de nos apropriarmos de um **lugar de pertencimento** que nos garanta resguardo é sutil. Qual é o problema de nos ampararmos em lugares confiáveis? Nenhum, tirando o fato de que não somos livres e damos prioridade à necessidade de sermos reconhecidos e aceitos. Para tanto nós pagamos preços altos, e um dos mais frequentes é **a lealdade.**

Tudo isso não teria a menor transcendência se não formássemos um exército de indivíduos dispostos a qualquer coisa para **pertencer** a um lugar quentinho que nos ofereça amparo. Essas ondas em busca de proteção são imperceptíveis, mas nem por isso menos reais. E acontecem com a força dos movimentos coletivos.

Observe que a **alienação automática** diante da maioria dos líderes políticos depende mais do carisma pessoal desse indivíduo que da convicção interior de cada cidadão. Isso se chama **manipulação,** e opera como consequência da nossa necessidade de sermos aceitos de alguma forma em qualquer estrutura que nos dê segurança. Finalmente, isso consiste em transferir — sob a forma de supostos pensamentos autônomos — a obtenção de um reconhecimento e um **pertencimento** que não foram recebidos **na forma de amor materno** quando éramos crianças.

Não há outra explicação quando observamos — em qualquer país ou comunidade — o entusiasmo com o qual defendemos nossos governantes (ou a oposição; é a mesma coisa). Nessa área, temos grandes falências, já que os líderes não são abundantes. Um verdadeiro líder é aquele que **apoia e acompanha cada indivíduo ou comunidade para que se conecte com seu verdadeiro ser e, a partir dessa união sagrada com seu "si mesmo", seja capaz de oferecer suas melhores virtudes ao próximo.** É verdade que era mais fácil conseguir líderes em comunidades pequenas, em tribos e aldeias de uma dimensão mais humana. Em grande escala, foram líderes Nelson Mandela ou Mahatma Gandhi. Mestres espirituais que assumiram a condução de sua comunidade. No mundo atual não há muitos mais. Talvez Luíz Inácio Lula da Silva ou Barack Obama, mas cada um tem suas mesquinharias ou está metido em prováveis redes de corrupção.

Hoje a maioria dos líderes dos países modernos não é formada por mestres espirituais, mas sim por indivíduos tão desesperados como nós, que utilizam os âmbitos do poder para acumular proteção, resguardo econômico, segurança e conforto material. Ou seja, para **compensar a falta de amor materno.** Como todos nós. É que, para poder se manter nos âmbitos de decisão sobre a cabeça da maioria dos seus cidadãos, precisam utilizar as mentiras e as ameaças tocando a fibra mais infantil e inconsciente de cada um de nós. O sistema serve para isso.

Não é um exagero o que eu escrevo. Observemos os *slogans* durante as campanhas eleitorais dos diversos candidatos de qualquer ideologia política. É tão óbvio. As promessas — todos sabemos — serão impossíveis de cumprir; entretanto, somos convencidos a apoiá-los, caso contrário, as piores calamidades cairão sobre nossas cabeças. Utilizam os mesmos discursos dissuasivos com os quais nós, adultos, nos dirigimos às crianças: "Se você não se comportar direito, a bruxa malvada vem te castigar." Então, é melhor nos comportarmos bem. O que é se comportar bem? É ser leal às necessidades dos adultos ou às de um falso líder.

As comunidades se organizam como as famílias disfuncionais: os adultos são — ainda que não saibam — crianças internamente necessitadas que, em vez de cuidar dos seus filhos e de alimentá-los, obrigam as verdadeiras crianças — mais carentes — a satisfazê-los. Em troca, contam histórias antes de dormir em uma realidade suave, mas falsa. O que nós pudemos fazer quando fomos crianças diante das necessidades da nossa mãe? Nada mais que ser leais a ela, atender suas expectativas e poupar os nossos próprios recursos. O que fazem os cidadãos depois que crescem? A mesma coisa. Decidimos adoçar os nossos ouvidos com **discursos fictícios** tentando nos sentir aconchegados.

Enquanto somos crianças e estamos desamparados, preferimos nos amparar na fantasia dos contos de fadas para encontrar alívio. Quando nos tornamos adultos, procuramos um conforto similar. Qualquer ideia exposta por alguém com veemência toca nossa alma infantil, reconhecendo que, quanto mais obedecemos, mais garantimos nosso bem-estar.

Dessa reação automática surgem várias consequências: a mais depredatória no nível coletivo é o fato de os adultos não conseguirem alcançar sua liberdade interior. Porque jamais a percorreram — tentando fazer o correto para que a mamãe não fique brava e não os expulse de seu território emocional —, coisa que, de todo jeito, acontecerá, obedeçam ou não. Os adultos têm a ilusão de que seus pensamentos são autônomos, quando na verdade estão submetidos ao medo e à incerteza, prendendo-se a sistemas ideológicos ou morais com a intenção de se sentir protegidos por um pertencimento. Quanto mais presos estão — em termos emocionais —, mais facilmente se converterão em "atendentes" natos das necessidades infantis alheias. Leia-se: dos indivíduos ou das corporações com poder. Mais uma vez, isso se chama **manipulação**.

Nesse sentido, quase tudo o que é informado no nível político **é mentira**. Nos fatos, os bens que são de todos costumam ser dirigidos por aqueles que se atribuem o poder para que possam fazer com esses recursos o que lhes der vontade. Como se os pais de uma família comessem os manjares e deixassem para os filhos as migalhas, fazendo-os acreditar que são generosos. Logo, essas crianças, que só comeram migalhas na infância, passam a acreditar que aquelas porções de alimento são sinônimo de abundância.

Há poucos países maduros nos quais circulam a solidariedade social e o bem comum como eixo prioritário, porque existem poucas famílias amorosas capazes de gerar responsabilidade, liberdade e comunhão com relação às suas criaturas. Assim como é em cima, é embaixo, assim como é dentro, é fora. São duas faces de uma mesma realidade em escalas grandes e pequenas.

O que me aborrece, mais uma vez, é o grau de ingenuidade com o qual os indivíduos se deixam levar tomando como verdade qualquer palavra dita com veemência. As pessoas não só acreditam em qualquer coisa como repetem qualquer coisa como se fossem grandes verdades vindas de seu próprio entendimento. É tão fácil manipular as pessoas... Uma criança pode ser persuadida com um doce. Um adulto, com uma palavra convincente, ainda que seja totalmente falsa.

O fato de sermos povos manipuláveis nos deixa no mais absoluto desamparo, ainda que acreditemos que obtivemos proteção. Por isso penso que as mudanças sociais, junto com o desejo de maior bem-estar, ecologia, não violência, solidariedade e vínculos fraternos, somente serão possíveis quando empreendermos caminhos diversos de indagação individual, até que possamos olhar com olhos abertos para nossas realidades emocionais e tomar decisões conscientes para mudar em favor do próximo. Os seres humanos dispõem de ensinamentos de grandes mestres tanto do Oriente como do Ocidente. Jesus, Buda, Maomé, Confúcio, Lao Tsé e tantos outros sábios antigos e contemporâneos estiveram a serviço da humanidade para nos aproximar da verdade interior. Todos eles ofereceram as mesmas verdades, todos nos convidaram a entrar em contato com o "si mesmo" autêntico e com o **amor ao próximo**. Entretanto, mesmo em uma época de alta tecnologia e de comunicação imediata, continuamos provocando feridas e mal-estar ao nosso redor. Não interessa o roteiro que utilizemos: em algum momento teremos de reconhecer, com humildade e grandeza, onde foi que nos perdemos.

Na minha opinião, a nossa perdição começou no momento em que deveríamos ter recebido **porções abundantes de amor** quando éramos pequenos. Nesse momento — ao constatar que aquela expectativa natural não havia sido preenchida —, desviamos o caminho. Inventamos estratégias — legítimas — para sobreviver. Mais tarde, ao nos transformarmos em adultos, acreditamos que a vida é isso: uma estratégia permanente da qual precisamos nos salvar à custa dos outros.

A RELAÇÃO ENTRE AS VIVÊNCIAS INDIVIDUAIS E OS MOVIMENTOS COLETIVOS

Entendo que a maneira mais honesta de abordar inclusive os grandes conflitos sociais é apontar sua **origem**. E a origem — em temas de conduta humana — sempre é **individual**. Nascemos como indivíduos únicos. Logo, desdobramos personagens com certos recursos que funcionarão com o melhor que tenhamos encontrado para **sobreviver ao desamor**. É verdade que com a grande maioria das crianças acontece a mesma coisa, por isso, somos bastante parecidos no nível coletivo. Mas não quer dizer que a compreensão da realidade tenha significado no âmbito coletivo. Penso que vamos encontrar coincidências se reconhecermos que cada movimento social é constituído por indivíduos com biografias humanas devastadoras.

Nos países menos desenvolvidos, um dos problemas mais importantes é a desigualdade entre os cidadãos, sustentada pela corrupção dos poderosos.

O que é a corrupção? É roubar, simplesmente. Por que algumas pessoas investem toda a sua inteligência para acumular poder e dinheiro? Pela imensa **insegurança infantil** que nos envolve e pelo histórico de **vazio afetivo** que precisamos preencher. Acontece que não interessa quanto poder acumulemos nem quanto dinheiro economizemos em paraísos fiscais: sempre vibrará interiormente o medo de ficar, mais uma vez, desprotegido. Essa foi e continuará sendo a nossa vivência primária, imperceptível, mas presente.

Entretanto, algumas pessoas — por sorte, não muitas — são capazes de roubar ou manipular até obter o que desejam. O que mais chama a atenção é que são muitíssimas as que permanecem em estado de grande vulnerabilidade: no engano do discurso materno. Guardadas as devidas proporções, se a nossa mãe nos disse até a exaustão que éramos crianças bobas, de tanto escutá-la e de tão necessitados da sua proteção e amor, não teremos opção a não ser acreditar nela. Logo passaremos a agir de acordo com essa crença e a fazer bobagens para comprovar efetivamente que somos bobos. Ou gênios. Ou trabalhadores. Ou obedientes. O que quer que a nossa mãe tenha dito, inclusive e sobretudo se não condiz com a realidade, a força da crença no discurso materno é a única coisa que nos oferece segurança. Estes mecanismos estão detalhados no meu livro *O poder do discurso materno*.

Da mesma maneira e em maior escala, quando os governantes ou os poderes empresariais estabelecem um **discurso**, a massa de cidadãos precisa crer milimetricamente no que lhes foi dito para se localizar em um território de segurança, ainda que a realidade demonstre várias vezes outra coisa. Esse é o ponto cego a partir do qual milhões de indivíduos votam, aclamam, manifestam e sustentam governantes corruptos, ladrões, mentirosos e autoritários. Precisamos manter na cúpula dos nossos países — sobretudo nos países menos desenvolvidos, menos democráticos — personagens que mintam, mas ao mesmo tempo nos fascinem com carisma, discursos efusivos e promessas desproporcionais.

Isso acontece independente de estarmos a favor ou contra os governantes da vez. Se estamos contra, o mecanismo é o mesmo: teremos algum outro líder ou grupo de formadores de opinião carismáticos da mesma maneira propondo discursos contrários, mas igualmente enganados. E opera o ingrediente que faltava: as pessoas precisam **pertencer**. O pertencimento a um grupo ou a uma tribo é parte do nosso desenho original como espécie humana, por isso é tão dramática a **expulsão do território emocional materno quando somos crianças**. Portanto — a escala social —, quando certos movimentos políticos crescem e se tornam multitudinários, pelo simples fato de "serem muitos", o fenômeno de coincidência se converte em um resguardo reparador.

Se observarmos que, no final das contas, estamos procurando **conforto emocional**, vamos precisar nos acomodar em ideias compartilhadas. Por isso é importante que muitas pessoas opinem da mesma forma. Esses mecanismos infantis são aproveitados pelos "formadores de opinião", que utilizam meios de comunicação — que hoje em dia, graças à internet, funcionam instantaneamente — para instalar qualquer ideia, qualquer fofoca, qualquer mentira sabendo que, se é suficientemente reproduzida de maneira automática, vai se transformar em uma suposta verdade compartilhada. Se forem muitos, aqueles que reproduzem essas ideias ou opiniões vão adquirir dimensões magníficas. Todos nós já lemos, ouvimos ou compartilhamos boatos sobre os assuntos mais diversos: sobre políticos, personagens famosos do mundo do espetáculo, jornalistas ou esportistas. E conversamos sobre isso nas reuniões sociais como se realmente soubéssemos do que estamos falando.

Eu sinto isso na pele: dizem qualquer coisa a meu respeito — desde defensora de criminosos até seguidora do Opus Dei (acho isso muito engraçado. Sou judia e nem sei bem o que é o Opus Dei) —, mas esses boatos entram no inconsciente coletivo e se instalam **como se fossem verdades**. Qualquer opinião **nos cai bem se é compartilhada com muitos**. O que vale a pena observar é a força do **discurso enganado**. A força da mentira. Se existe algo que expressamos com suficiente veemência ou que é transmitido por um meio de comunicação com boa influência no público, vai contar com o mecanismo que todos nós temos como aceito: precisamos acreditar no discurso predominante tanto quanto acreditamos no discurso de nossa mãe quando fomos crianças, já que nossa segurança emocional dependia dessa **lealdade**.

Penso que não é possível compreender os fenômenos sociais se não os observarmos a partir das **realidades emocionais individuais**. Porque o conjunto de indivíduo é um, somado a outro, e a outro, e outro, até serem milhões. Cada um desses milhões é um indivíduo com um nível de **insegurança emocional** alarmante. A prova de que a **pior depredação do ser humano foi ser insuficientemente amado e cuidado durante a infância** é o fato de nos terem jogado no mundo sem nenhuma segurança básica, e hoje, já transformados em adultos, vamos precisar nos prender a qualquer sistema que nos garanta estrutura, ordem e limites precisos que ofereçam amparo. Esse é o motivo pelo qual, ao longo da história, tantas vezes as comunidades optaram por regimes militares com disciplinas inquebrantáveis ou níveis de submissão extremos em troca de um pertencimento absurdo e sem fissuras. A **lealdade** opera sob o mesmo formato de exércitos, igrejas ou ideologias. Supomos que temos de defender, a qualquer preço, nossas ideias dos ataques dos inimigos. Tanto quanto nos sentimos na obrigação de **defender nossa mãe**. Não há nada mais evidente que isso: defendemos nosso lugar de pertencimento, que nos deu amparo **em troca de inclusão**. Somos escravos do medo. Medo de ficar sozinhos, assim como aconteceu em nossa infância.

Por outro lado, se pretendemos ser livres e autônomos, com pensamentos, ideias e entusiasmo pelas buscas espirituais genuínas, precisamos ter adquirido um nível de **segurança emocional** alto. Seja porque o obtivemos na infância ou porque estamos dispostos a compreender que agora vamos ter de forjá-los nós mesmos, com maior consciência. Que fique claro: se essa segurança afetiva não está arraigada em nosso interior ou não a estabelecemos por consciência, apenas buscaremos pertencer a algum lugar. Se buscarmos pertencimento, é impossível que pretendamos ser livres.

É fácil reconhecer esses mecanismos automáticos ao defender certas ideias: se precisamos pensar igual à maioria, é porque procuramos **pertencimento**. Isso nos distancia da conexão com o nosso ser essencial. É comum nos arrebatarmos quando somos muitos pensando o que quer que seja. Desse modo se geram as ideias convencionais nas quais nos sentimos confortáveis, porque nos incluem em um âmbito de crenças, cultura ou sistema moral, e olhamos com desconfiança para qualquer um que pense outra coisa, já que se transforma automaticamente em ameaça. E, mais tarde, em um inimigo. Se tivermos um inimigo — seja político, da vizinhança, um familiar, um ex-parceiro ou quem quer que seja —, também estaremos tranquilos, porque isso significa que em algum território mais próximo temos aliados. Todo esse quebra-cabeça reforça a segurança de pertencimento.

Em termos sociais, será muito difícil amadurecer coletivamente se não estivermos dispostos a amadurecer de maneira individual, reconhecendo que em algum momento teremos de assumir as deficiências com as quais crescemos tentando repará-las, percebendo que, se desejamos um mundo mais amável, vamos precisar colocar nossos recursos e nossa inteligência emocional a serviço do amor ao próximo. Sobretudo, teremos de aprender a **amar as crianças**, se as tivermos. Não é um ato de vontade, mas terá de ser um processo de **abertura de consciência**.

Por isso, o ponto não é defender crenças ou opiniões. Se pensarmos que há uma boa maneira de criar, educar ou viver com as crianças, mais uma vez estaremos reproduzindo um **âmbito de pertencimento** no qual nos sentimos bem, deixando de fora aqueles que não pensam como nós. Portanto, perpetuamos o mesmo esquema estúpido. Continuamos multiplicando pequenas áreas de bem-estar em pares, gerando alianças por falta de segurança emocional interna. Insisto que — sobretudo no terreno da criação de filhos pequenos —, se determinarmos o que é bom e o que é ruim, vamos gerar tantos sistemas **enganados** como aqueles que pretendíamos desmontar. **Não serve para amar a ninguém.** Só serve para que encontremos consolo e conforto entre pares (leia-se: entre aqueles que compartilham as mesmas ideias).

NEM A FAVOR NEM CONTRA

Neste ponto eu quero ser categórica. De fato, há anos, a partir de boatos, das ondas de ideias, das defesas de uns que foram sobrepondo as palavras de outros até montar um telefone sem fio de dimensões consideráveis, as pessoas supuseram que eu proponho um monte de coisas que não estão escritas em lugar algum. **Não sou defensora de nenhum sistema de criação.** Não sou a favor nem contra nada. Não intervenho de modo algum no que cada adulto decide fazer com sua vida. Não acuso ninguém. De todas as maneiras, no inconsciente coletivo eu apareço como a defensora do leito compartilhado ou da amamentação prolongada, o que, comparado a todas as minhas propostas para a indagação pessoal, o encontro com a própria sombra e a construção da **biografia humana**, são apenas detalhes. Entretanto, a força do discurso enganoso acaba por ser impor.

A **força da mentira** se estabelece com facilidade inusitada porque fomos criados desse jeito: à base de mentiras. Distanciados do que nos acontece, daquilo que sentimos e do que viemos fazer neste mundo. A deficiência das nossas mães e de toda a linha ascendente do lado materno para abrir seus corações e nos receber como criaturas humanas amorosas que só precisavam de amor e cuidados para desdobrar suas potencialidades ficou interrompida. Agora somos nós — adultos — que estamos interferindo nas capacidades amorosas dos nossos filhos, distraídos em miudezas cotidianas e em batalhas familiares que só nos desviam do caminho.

As distrações em bobagens supérfluas também funcionam a favor dos enganos. De fato, os meios massivos de comunicação costumam utilizar notícias absolutamente banais para nos manter ocupados. Mais uma vez, isso é similar às nossas experiências infantis. Todos nos lembramos de que os nossos pais ou quem nos criou supunham que nós compreendíamos menos daquilo que efetivamente sabíamos, pretendendo nos distanciar dos acontecimentos familiares que tinham extrema importância para o nosso futuro. Mas nos acostumamos a jogar o jogo da ingenuidade até nos transformarmos em indivíduos extremamente vulneráveis e influenciáveis, justamente por carecer de autonomia e bom senso, alinhados às nossas percepções íntimas e genuínas. A partir desse hábito, é muito fácil nos fazer acreditar o que quer que os âmbitos de poder precisem instalar, como se fôssemos crianças distraídas.

O QUE É A LOUCURA?

Há mais um aspecto que vou abordar com mais detalhes neste livro e que também é consequência da distância entre o que nos acontece e o que alguém nomeia sobre o que acontece: a loucura. A loucura individual, que também está presente na loucura social.

O que é a loucura? É a deturpação da realidade. É a diferença entre o que acontece e o que percebemos que acontece. O problema é que — tal como expressei —, praticamente, todos deturpam a realidade e se abrigam em ilusões para tornar mais suportável a **dor do desamparo**. Às vezes mentindo, às vezes acreditando em mentiras, em algumas ocasiões inventando realidades ou adaptando essas realidades à nossa tolerância. Quase todos nós utilizamos essas estratégias em maior ou menor medida. Por acaso estamos todos loucos?

Talvez seja questão de escala, ainda que **a loucura seja muito pouco mensurável**. Sei que vou entrar em âmbitos dos quais a medicina tradicional e a psicologia se apropriaram, mas obtiveram tão poucos resultados com relação aos pensamentos autônomos e criativos que me sinto no total direito de investigar um pouco além. Assim como falei sobre os enganos individuais e coletivos, acho que com relação à loucura acontece a mesma coisa: há distâncias imensas entre **as realidades internas e os discursos**, obrigando-nos a interpretar de modo distorcido a percepção da realidade. Isso é relativamente fácil de observar nos eventos políticos e sociais. Se descesse à Terra um extraterrestre em um OVNI fantástico e assistisse a uma hora de um programa de atualidades de qualquer país, sua opinião seria a de que as notícias são pouco verossímeis, estranhas, sem conexão umas com as outras, ilógicas e incompreensíveis.

No nível individual — os assuntos que vou desenvolver nos capítulos seguintes —, é indiferente que algumas pessoas tenham diagnósticos de doenças mentais e outras não.

Assumo que vamos entrar em um terreno complicado porque as percepções costumam ser subjetivas. Nesse terreno não há certo nem errado. Há pessoas que entram em contato com outros planos, mas isso não significa que tenham perdido o equilíbrio, ainda que alguns achem isso. Ao longo da história foram consideradas loucas as pessoas visionárias ou aquelas que mostravam estalos de intuição ou capacidades levemente diferentes dos demais.

Hoje em dia se fala em psicose, paranoia e esquizofrenia, mas espero poder demonstrar que se trata de **consequências de desamparo materno cruéis**, portanto, **evitáveis**. Não estão no nosso DNA. Para dizer a verdade, há um limite impreciso entre loucos e equilibrados, já que só com o fato de sairmos às ruas não deveríamos nos perguntar se o mundo inteiro enlouqueceu.

Quero deixar claro que toda a minha investigação está baseada em dois grandes eixos: por um lado, **percepções e intuições pessoais**. É provável que não sejam infalíveis, mas nem por isso são menos valiosas ou sérias, já que me dedico a corroborá-las com cada indivíduo no seio da constituição de cada **biografia humana**. De fato, é uma prática construída em conjunto com os indivíduos desejosos de ir ao encontro do outro aspecto de si mesmo. Por outro lado, entendo que teorizar é reunir uma quantidade de evidências — quer dizer, fatos concretos — que foram pensadas a partir de vários pontos de vista até encontrar **coincidências**. Quando essas coincidências aparecem muitas vezes, são levadas em consideração.

Está claro que eu tento diminuir as confusões sobre o trabalho dos psicólogos, porque, como já esclareci em diversas oportunidades, **não praticamos psicologia**. Não atendo ninguém pessoalmente há muitos anos. Mas tenho acesso a toda a informação de todos os consultantes que vêm de todas as partes do mundo para a Instituição que dirijo graças à facilidade da comunicação por meio da internet. Essa enorme casuística me fornece material suficiente para continuar pensando a cada dia e checando com minha equipe se o que me ocorre — lendo minuciosamente todos os relatórios — coincide com a realidade emocional de cada indivíduo. Foi assim que constatei que a **distorção da realidade** está mais presente em todos os discursos do que eu podia imaginar.

É simples: se vivemos imersos em uma realidade muito cruel, basta imaginar que estamos em um campo repleto de flores para que o cotidiano se transforme em algo tolerável. À medida que constatamos que o fato de fantasiar uma realidade mais benévola funciona... é óbvio que vamos continuar utilizando esse recurso. Porque todos nós queremos nos sentir bem. Logo, uma vez que experimentamos o "remédio", não queremos mais abandoná-lo. Estamos acostumados a tomar doses cada vez maiores. Acessamos essa **realidade paralela**, que funciona como um escudo protetor diante de todos os sofrimentos, e, além disso, podemos modificá-la a nosso bel-prazer. É o remédio mais poderoso, porque nossa mente voa e pode chegar ao infinito, criar o que quiser, dar forma ao que for sem fazer nada mais que conjeturar inumeráveis possibilidades.

Enquanto fui constatando o poder de resguardo das fantasias, comecei a investigar em cada **biografia humana** — quer dizer, na vida bem real dos indivíduos concretos que se consultam conosco —, e, a cada vez que as peças não se encaixavam, propunha observar esses *cenários* levando em **consideração a distorção da realidade como mecanismo de sobrevivência**. Acontece que nós constatamos isso muitas vezes. Logo nos dedicamos a traçar as linhas entre mães e filhos e, desses filhos, para seus próprios filhos, até detectar que a **crueldade** — mais que o desamor — nos obriga a fugir deste mundo porque não fomos feitos para tolerar a maldade. A maldade não foi feita à imagem e semelhança dos humanos. Ainda que exista entre nós.

A semente do sofrimento humano

Os seres humanos nascem amorosos.

Em todos os casos, as vivências que experimentamos no útero materno foram confortáveis e completas. Passamos nove meses em um perfeito paraíso: obtendo tudo aquilo de que — como criaturas em pleno processo de gestação — precisamos: alimento, abrigo e resguardo, suficientes para que, de maneira natural, nosso desenvolvimento aconteça sem interrupções ou obstáculos.

Finalmente o nascimento acontece. Se as mulheres pudessem parir em franca intimidade, em estado de introspecção e **fusionadas** com a criança que empurram para nascer, os recém-nascidos seriam acolhidos sob o mesmo teor amoroso e **suave**. Passaríamos docemente do meio aquático para o meio aéreo e iniciaríamos a respiração aninhados nos envolventes braços de nossa mãe. Se fosse assim, os bebês humanos **desdobrariam esse amor com o qual foram desenhados** sempre e quando recebessem o cuidado e a proteção de que precisam na condição de criaturas indefesas.

Aqueles que tiveram a oportunidade de observar um recém-nascido sendo amamentado por sua mãe constatam que **não há olhos mais apaixonados** que os de **um bebê em estado de bem-estar**. É um olhar repleto de amor e pureza. De fato, é amor puro.

É lamentável que poucas vezes sejamos testemunhas dessa dimensão do amor manifestado, porque raramente permitimos que uma criatura que acaba de nascer — quer dizer, que acaba de abandonar seu paraíso perfeito — continue no mesmo estado de bem-estar. O que precisaria para continuar em seu paraíso? Uma mãe que tenha tido a mesma experiência em sua própria infância e que portanto **sinta a espontânea necessidade visceral de permanecer com seu filho nos braços** ainda que o mundo externo desapareça, deixando-se sugar pela fluidez e pela intensidade do amor que a criança pequena solicita.

Para que essa mãe não questione o mergulho sensorial em direção à dimensão fusional do recém-nascido nem calcule racionalmente os assuntos relativos ao mundo externo deixando-se transportar pela força de sua própria natureza, deve ter tido — por sua vez — uma mãe que tenha vivido as mesmas experiências de despojamento do universo racional e tenha se lançado a maternar nesse momento, transformando, assim, essa menina em mãe. Assim, são muitas gerações de mulheres antepassadas maternando espontaneamente seus filhos em uma cadeia de sabedoria feminina transmitida a partir das entranhas.

"Isso" não aconteceu com nenhum de nós. Nem nossas mães se despojaram de suas próprias opiniões, preconceitos e crenças nem nossas avós se conectaram com sua liberdade interior. Muito pelo contrário. Sem ir muito longe na linha genealógica ascendente, sabemos que o nível de repressão, autoritarismo, violência e rigidez tem sido muito comum em nossas famílias. Portanto, não tocamos essas experiências de amor altruísta quando crianças e dificilmente poderemos fazer algo de diferente se alguma vez tivermos filhos.

Poderíamos refletir sobre os motivos pelos quais as fêmeas humanas se distanciaram de sua natureza, fugindo de seus próprios cenários de partos e desamparando assim os recém-nascidos. Ao menos me permitam garantir que os seres humanos não foram projetados para viver o desamor. Pelo contrário, fomos projetados para **viver em amor**. De fato, os bebês **nascem naturalmente amorosos** e completamente capazes de amar se receberem os cuidados suficientes. Entretanto, algo fundamental é interrompido se no instante do nascimento o amor acolhedor não está presente.

A FALTA DE REFERÊNCIAS FORA DO PATRIARCADO

Um obstáculo frequente para compreender o que nos aconteceu é que a nossa civilização patriarcal conserva testemunhos de civilizações precedentes. A humanidade existe há centenas de milhares de anos, mas o acesso ao conhecimento da história de outros grupos humanos em outras culturas e regiões do planeta é muito limitado.

É interessante saber que há uma história anterior ao patriarcado, que não estava pautada em lutas, mas sim na **solidariedade**. Hoje conhecemos poucas culturas pré-patriarcais. Temos apenas alguma informação sobre sociedades que se desenvolveram entre sete mil e quatro mil anos antes de Cristo, das quais não foram encontrados vestígios nem sinais de guerras. Os locais de culto abrigavam figuras femininas, não havia diferenças entre as sepulturas dos homens e das mulheres nem sinais de diferenças hierárquicas. Pareciam civilizações centradas na harmonia entre o mundo animal e o vegetal. Como terá sido viver em um âmbito de colaboração no qual o maior prazer consistia em participar de uma empresa em comum? Como terá sido viver em harmonia com a natureza em vez de tentar dominá-la? Não podemos sequer imaginar tal coisa. Na cultura patriarcal, parece que **o amor é um assunto cotidiano**. Por outro lado, nós valorizamos a guerra e logo consideramos o amor algo especial.

Existem achados arqueológicos que dão conta de longos períodos de prosperidade em um passado oculto. Milhares de anos nos quais as sociedades se desenvolviam fora do domínio masculino, sem hierarquias e violência. Houve sociedades antigas organizadas sob modalidades muito diferentes da nossa, que contavam com divindades femininas. É lógico que a mais primitiva representação do poder divino tenha sido feminina. Desde os tempos mais remotos o ser humano observou que a vida emergia do corpo de uma mulher. Então, é compreensível que o universo seja compreendido como uma mãe que dá vida e cuida. Nesse sentido, é pouco provável que tenham considerado as mulheres como submissas, mas, pelo contrário, como seres poderosos e capazes de dar a vida. Seguindo a mesma lógica, dificilmente nessas sociedades antigas as mulheres dominavam os homens, simplesmente porque **o conceito de dominação** ainda **não estava circulando**. Desde o nosso pensamento patriarcal, quando se estudaram sociedades diferentes, buscou-se "quem dominava quem". Por isso, erroneamente se considerou que certas sociedades centradas nas mulheres tinham sido "matriarcais", supondo que deveria existir um sistema no qual as mulheres dominavam. Logo, ao encontrar evidências que ratificavam essas suposições, concluiu-se que tais sociedades não existiram.

A questão é que temos um acesso intelectual muito limitado fora da lógica da dominação. Por isso, pela falta de referências confiáveis de civilizações diferentes da nossa, prefiro me remeter à **evidência mais confiável de todas: os bebês como chegam ao mundo.**

A REFERÊNCIA MAIS CONFIÁVEL: O PROJETO ORIGINAL DA CRIATURA HUMANA

Nosso ponto de partida para todas as hipóteses sobre a conduta humana é cada criança humana que nasce a cada instante em qualquer canto do planeta a qualquer momento. **Todas as crianças nascem iguais: capazes de amar e ávidas por amor.** Necessitadas de todos os cuidados que se assemelhem à vivência dentro do útero materno.

Todas as crianças têm capacidade de expressar, através do choro, as necessidades básicas que desejam que sejam atendidas **pela mãe**. Também podemos expressar nosso estado de bem-estar se estamos confortáveis. Durante nossa etapa pré-verbal, não incidem a cultura nem as opiniões, o bem ou o mal. Cada um de nós nasce **conectado com a própria natureza**, que é a natureza de todo ser humano. Por isso, as crianças deixam claros os momentos nos quais os adultos se desviaram.

O nascimento deveria ser um feito mágico, mas ao mesmo tempo banal: a criança nasce em boas condições, a mãe a acolhe, cumprindo seu projeto original de fêmea humana, lambe-a, protege-a com seu próprio corpo e a alimenta. Assim está previsto.

Entretanto, nossa civilização tem outro propósito: prioriza a conquista. Para isso precisará de bons guerreiros, seres frios, prontos para as batalhas. Para que as crianças se transformem em soldados aguerridos e obedientes aos seus superiores, quer dizer, para que esqueçam seus propósitos pessoais e seus recursos originais, é preciso que se desprendam da área afetiva que as mantém ligadas amorosamente à sua mãe.

Pois bem. Como isso acontece?

É muito simples: basta **separar o corpo de um recém-nascido do corpo de sua mãe**, garantindo-lhe a desproteção.

A LÓGICA PATRIARCAL

Cada sistema tem sua própria lógica. Vamos pensar assim: se os seres humanos, quando nascem, precisam e esperam se encontrar com a mesma qualidade de conforto que experimentam durante nove meses no útero da mãe, o fato de carecerem de calor, suavidade, ritmo cardíaco reconhecível, braços que os amparam, palavras que os acalmam, um corpo que os protege, leite que os nutre e, pelo contrário, se encontram sobre um berço inóspito e vazio, sem movimento, essa experiência vai ser aterrorizante e hostil. O que fazemos diante da hostilidade? Temos duas opções.

A primeira é não fazer quase nada, permanecer passivos, mesmo correndo o risco de morrer. É assim que nos convertemos em **dominados**.

A segunda opção é reagir, confrontar e lutar para tentar obter aquilo de que precisamos. Para consegui-lo, não perderemos nenhuma chance de mostrar nossas "garras". É assim que nos convertemos em **dominadores**.

Os bebês são capazes de reagir com agressividade? Sim, claro. O instinto de sobrevivência está previsto no projeto. É inato.

Em qualquer caso, os bebês — diante de situações tão hostis como o fato de carecer do corpo reconfortante de nossa mãe — vão reagir, tornando-se passivos (dominados) ou agressivos (dominadores). Vamos compreender, a cada segundo, que a vida é um lugar duro e adverso. É assim que nos transformamos em guerreiros. Sob essa fantasia, tentaremos não ter medo, sentindo intimamente que somos obrigados a lutar de maneira constante para sobrevier. Sabemos que estamos sozinhos e que dependemos dos nossos recursos para não morrer.

Para que queremos guerreiros? **Sem guerreiros não há dominação** dos mais fortes sobre os mais fracos, dos adultos sobre as crianças, dos homens sobre as mulheres, dos povos poderosos sobre os povos fracos. Sem guerreiro não há patriarcado. Precisamos de um sistema que o garanta através das sucessivas gerações. Esse sistema se programa desde o momento do nascimento de cada indivíduo. Cada criança separada de sua mãe logo depois de nascer se transformará em um guerreiro — se for menino — ou em uma futura procriadora de guerreiros — se for menina.

Dessa maneira simples e cruel aumenta o abismo entre as criaturas humanas — que **nascem ávidas de amor e com total capacidade para amar** — e o vazio que nos espanta. O problema é **a traição em** direção ao projeto original da espécie humana: **todas as crias de mamíferos humanos nascem com uma capacidade de amar inata,** esperando ser amparadas, nutridas e cuidadas, já que, **no início da vida, essa é a única maneira de viver no amor.** O impacto de não receber algo que era natural durante a vida intrauterina — traduzida na experiência permanente de contato corporal, alimento, ritmo, movimento — é feroz.

Fiéis ao nosso projeto, os bebês solicitarão de modo constante o regresso ao nosso estado natural de conforto. Como vão conseguir? Vão chorar até o cansaço, vão ficar doentes, vão sofrer acidentes domésticos, ainda que alguns acabem se adaptando. Se observarmos essas cenas do ponto de vista do bebê que fomos, o panorama será **uma grande desilusão para nosso ser essencial.**

À medida que crescemos, as coisas não melhoram. Por um lado, afiamos as ferramentas de sobrevivência. Cada um de nós desenvolveu recursos diferentes, mas há algo que todos compartilhamos: a certeza de que o mundo é perigoso e de que devemos ficar alertas. Algumas crianças aprendem a agredir: mordem os peitos de suas mães, mordem outras crianças, cospem, batem, machucam. Outras simplesmente ficam doentes. Algumas crianças tomam a decisão de não incomodar com a secreta esperança de serem finalmente reconhecidas e amadas por suas mães se obedecerem. Outras se enchem de comida, ou se empanturram de estímulos auditivos ou visuais com a intenção de não sentir a sangrenta punhalada da solidão. Muitas crianças anestesiam diretamente todo vestígio de dor, sendo imunes ao contato, afastadas das emoções e refugiadas na mente: convertem-se logo em jovens inteligentes, cínicos, desapegados e críticos.

Estamos tentando imaginar o que nos aconteceu desde o momento em que saímos do ventre da nossa mãe... até nos transformarmos nas pessoas que somos hoje. Estamos buscando a **semente do sofrimento humano**. E tudo indica que nos remeter a esse instante da nossa primeira respiração — que deveria ser mágico — se transforma em um ato de desamor, somado a cada segundo de distância e solidão, em um *continuum* inalterável ao longo de toda a nossa infância.

UM DESASTRE ECOLÓGICO

O menos dolorido que nos aconteceu foi a experiência de desamparo pela falta de corpo materno. Nem sequer estou abordando a realidade de quando éramos crianças e fomos ameaçados por nossos pais, recebemos surras, gritos, humilhações, castigos, mentiras ou abusos emocionais e físicos. Esses acontecimentos comuns fazem parte da realidade da grande maioria das infâncias.

A falta de corpo materno disponível quando somos crianças é **um desastre ecológico em grande escala.** Se não conseguimos sugar a substância materna traduzida em leite real, em abraços, carícias, tato, palavras doces, olhar complacente, frases carinhosas e compreensão carregadas de compaixão e ternura na infância, não temos solução a não ser anestesiar nossos próprios corpos, e o desenvolvimento da nossa vida espiritual futura. No caso das meninas, o congelamento dos seus corpos tem consequências nefastas sobre nossa descendência.

O guerreiro é um elo absolutamente necessário para a dominação. Não poderíamos perpetuar o domínio da nossa civilização sem garantir uma grande quantidade de indivíduos que exerçam a superioridade uns sobre os outros. Para uma cultura de conquista, precisamos treinar futuros guerreiros continuamente. Esse é o principal motivo pelo qual **as mães separam os filhos de seus corpos**. Por isso é pertinente que observemos nossas **condutas individuais** no marco das **condutas coletivas** — já que são análogas — para reconhecer que séculos de história não se modificam com um pouco de boa vontade. Precisamos de muito mais do que isso: em principio nos faz falta lembrar **que tipo de civilização queremos para os nossos descendentes**.

Separar os recém-nascidos de suas mães não é ingênuo, tampouco é uma coincidência ou um erro. Enquanto contribuirmos para que as coisas continuem dentro do mesmo sistema, opinando com preconceito e repetindo como se fossem mantras as mesmas ideias obsoletas, não haverá verdadeiras chances para uma mudança total de perspectiva. As mães não toleram as crianças grudadas a seus corpos, e os outros indivíduos — homens e mulheres — não toleram que as mulheres carreguem seus filhos nos braços.

Repito: a maior crueldade é não abastecer afetivamente a criança assim que ela sai do ventre materno na medida em que cada uma o solicite. Até quando? Qual é o limite? Essas perguntas frequentes são formuladas pelos adultos a partir do nosso lado infantil e incapaz, como consequência das nossas próprias infâncias.

É impossível que uma criatura humana peça alguma coisa de que não precisa. É absurdo. Somente um adulto que viveu na crueldade quando criança pode ter o coração tão frio a ponto de sustentar a ideia de que as crianças não têm direito a receber aquilo que pede genuinamente. Insisto que estamos gerando — a partir de cada ato de desamor, pequeno aos olhos dos adultos mas imenso para o bebê — uma criança que, desamparada, terá de criar com urgência algum mecanismo para sua sobrevivência.

Estamos falando de uma assustadora realidade coletiva: nos roubaram a infância e agora nos dedicamos a roubar a infância daqueles que são crianças hoje. É exagerado? Não. Basta rever com honestidade o grau de aceitação das regras dos maiores às quais fomos submetidos quando fomos crianças para perceber que hoje — munidos de nossas opiniões bem-intencionadas — consideramos que não é correto que a criança pequena exija tanto de nós. Quem tem razão? Na falta de referências confiáveis, voltaremos mais uma vez ao **projeto original do ser humano**, portanto, daremos crédito ao que a criança pede, e que tem relação direta com aquilo que a criança que nós fomos ainda espera receber. É óbvio que estabelecemos **uma luta entre a criança que fomos** e que ainda espera ser ressarcida e **a criança real** que temos no colo e que espera sua cota de conforto e saciedade. Quem ganha? O adulto em situação de revanche. Por que — inclusive assim — os adultos não estão satisfeitos? Porque, não interessa quanto deixamos a criança chorar, o quanto impusermos a ela uma adaptação sofrida ou o quanto acreditamos nas regras da boa educação, continuamos sendo cegos e ignorantes com relação à nossa própria realidade emocional. Não estamos observando a totalidade do nosso *cenário*, não abordamos nossa própria infância e, portanto, não compreendemos que ainda estamos pretendendo nos alimentar como se ainda fôssemos crianças famintas de amor materno. Se não percebermos que esse é o problema, jamais poderemos dar prioridade às necessidades urgentes das crianças por quem somos responsáveis.

Não há grandes diferenças entre os mecanismos de sobrevivência que desdobramos quando fomos crianças e os que tentam desdobrar as crianças de hoje. Essas estratégias espontâneas estão descritas em vários livros já publicados, especialmente *A biografia humana*, *O poder do discurso materno* e *Amor o dominación. Los estragos del patriarcado*, ainda que neste livro eu retome as mais habituais e as que demonstram os mecanismos de salvação emocional a partir do encontro com **realidades paralelas**.

Se gerarmos uma civilização repleta de guerreiros, teremos de prestar atenção a cada mãe de guerreiro. Aí entram em cena as mulheres. Porque o verdadeiro drama nem sequer está na criança que não encontra o nosso corpo materno disponível, mas sim em cada uma de nós que **não sente — espontaneamente — apego com relação ao nosso filho**. Esse é — no meu ponto de vista — o verdadeiro **desastre da nossa civilização**.

Quando crianças, aprendemos precocemente a congelar as emoções, rompendo nossos registros internos e rejeitando todo indício de intuição e desejo. A distância que instauramos em relação a nós mesmos para que não doa tanto logo nos converteu nos adultos que somos hoje. No caso de nós, mulheres que viramos mães, essa fragilidade instalada é que nos impossibilita de **sentir compaixão e apego pelas crianças que saíram de nossas entranhas**.

Não vale a pena estudar a teoria do apego. É evidente que toda criança humana nasce de um ventre materno e vai desejar permanecer em território similar. Isso é inerente a todas as espécies de mamíferos. O verdadeiro problema é que as mães humanas — criadas no vazio afetivo — anestesiaram no passado suas necessidades afetivas para não sofrer, **distorcendo agora seu instinto espontâneo de apego em direção à criatura recém-nascida**. É uma roda que gira em torno da mesma sequência: nascimento, distância corporal com relação à própria mãe, sofrimento, reação no congelamento, anestesia vincular ou superficialidade nas relações afetivas, até termos um filho: nesse instante nos parece evidente que não temos recursos para nos lançarmos na intensidade do vínculo com a criança, então voltamos a reagir: rejeitamos a criança no plano corporal e afetivo. Dessa maneira, materializa-se o corte do **instinto materno**.

Se as mulheres sentissem a poderosa **necessidade de não se separar de sua cria**, ninguém poderia lhes impor esse distanciamento. Para alcançar essa aproximação tão íntima é imprescindível **abordar a**

realidade vivida durante a nossa primeira infância. As boas intenções não são suficientes. Precisamos de um registro consciente que nos habilite a mergulhar nesse pântano de dor antiga, sabendo que esses registros do passado são do passado e que hoje temos outros recursos para confrontar com o desamor da nossa infância.

Por que afirmaríamos alegremente que não fomos suficientemente maternados se as lembranças que conservamos da nossa infância são felizes? Porque hoje não toleramos a demanda "excessiva" do nosso bebê. "Excessiva" com relação a quê? À nossa necessidade infantil de sermos preenchidos em primeiro lugar. Todos esses conceitos foram descritos nos livros que publiquei. Entretanto, não caem bem, sobretudo quando fazemos grandes esforços para dar aos nossos filhos tudo o que somos capazes de lhes dar. O que mais? Não se trata de lhes dar algo mais, nem de oferecer uma criação perfeita. Não. Trata-se de abordar e percorrer com coragem a **distância** entre o que esperávamos ao chegar ao mundo e aquilo que aconteceu conosco em termos de maternagem. A diferença entre o nosso ser essencial e o mecanismo de sobrevivência emocional. A separação entre a potência intrínseca interna e o personagem.

A distância entre o registro interno e o discurso enganado

Quando pensamos em nossos filhos, nos convencemos de que os amamos mais que tudo neste mundo. Entretanto, para **abordar a dimensão do desamor materno**, temos de rever nossas próprias infâncias, com o propósito de recuperar **o ponto de vista da criança que fomos**. Talvez — logo — possamos compreender os pontos de vista daqueles que são crianças hoje.

AQUILO QUE A MAMÃE FALOU

Todos nós viemos de histórias de carência em relação ao amor materno. O problema é que o conceito de **amor materno** é difícil de apreender, já que todas as mães amam com o máximo de suas capacidades. Por isso o cálculo sobre a quantidade de amor desdobrado não depende do que cada mãe sente que deu, mas sim do fato de que precisamos rever ao mesmo tempo a história de amor e desamor materno da época em que foram crianças — as mães; e a mãe das nossas mães, e assim até a origem da árvore genealógica. Então encontraremos o verdadeiro culpado? Claro que não. Isso não tem nenhuma importância. Porém, precisamos reconhecer, isso sim, através da história familiar, como foi acrescentada a dor, a solidão e a ignorância com relação aos assuntos amorosos e à transmissão das suposições que deixaram cada geração tanto ou mais desprovida que as anteriores.

Saber que viemos de uma família com deficiências na hora de maternar e oferecer cuidados conforme as necessidades genuínas que manifestamos nos dá a primeira pista para compreender as dificuldades da atualidade em relação às batalhas emocionais, à depressão, aos vícios e às doenças. Reconheçamos que o mais grave não é o que nos acontece hoje, mas sim a **falta de amor quando fomos crianças**.

Mais uma vez convidarei os leitores a se remeter à **sua própria infância**, caso contrário vamos antepor nossas opiniões atuais e desvirtuar a realidade de cada *cenário* vivido pela lente de cada um dos indivíduos que a compõem. Insisto que nossa principal referência será a criança — livre de posições a favor ou contra alguma coisa. As crianças estão confortáveis ou não estão, e isso nos remete à nossa especificidade natural. Buscamos a objetividade do projeto humano para não cair na subjetividade do que consideramos bom ou ruim.

A questão é que chegamos ao mundo e não só carecemos do conforto esperado por não estarmos grudados ao corpo de nossa mãe como nossa mãe nomeia nossos estados naturais como incômodos. Claro que não temos lembranças conscientes do período em que chorávamos e éramos deixados durante horas no berço, nem das brotoejas ou das manifestações que tenhamos expressado. Entretanto, contamos com aquilo que **nossa mãe dizia** ao longo de toda a nossa infância: que éramos chorões, ou que ela quase morreu por culpa nossa, ou que éramos fracos ou terríveis. Na maioria dos casos, **aquilo que nossa mãe dizia não condiz com nossa realidade interna**. Esses conceitos estão descritos em meu livro *O poder do discurso materno*.

Aqui nós vislumbramos o começo de um mal-entendido que se perpetuará ao longo de nossa vida: **o que nossa mãe nomeia não coincide com o que acontece conosco**. Entretanto, quando somos crianças, tomamos a palavra mediadora da nossa mãe — ou da pessoa maternante — para organizar tudo o que acontece e tudo que acontece conosco. Se sentimos medo e nossa mãe diz que somos exagerados, isso que eu sinto (medo) se chama "sou exagerado".

O **registro interno** — que é espontâneo, natural, poderíamos dizer que vem "de fábrica" — é a única conexão que conservamos com o nosso ser essencial. É importantíssimo. É uma informação sutil com relação a qualquer vivência. Pois bem. Se o que nossa mãe diz **não condiz com o registro pessoal, aproxima-se uma catástrofe.**

Por que é tão grave?

Porque o recurso mais preciso que temos para nos compreendermos e para nos vincularmos com o nosso entorno é o **registro interno**. Podemos chamá-lo também de **"bom senso"** ou **"critério pessoal"**. Esse "algo" misterioso nos localiza no aqui e agora, nos permite discernir e tomar decisões da ordem que forem. Mas, se aderimos a uma **realidade distorcida** porque nossa mãe não foi capaz de olhar com lentes amplas e nomeou tudo a partir de uma perspectiva reduzida, enganada ou cega, não conseguiremos **encaixar** as vivências internas **naquilo que é nomeado**. Depois será tão difícil sustentar a incongruência que nos desconectaremos desse registro interno, desse fio sutil que nos une ao nosso próprio interior. Ao perder essa conexão, ficaremos emocionalmente vulneráveis para sempre.

MINHAS LEMBRANÇAS COM FRANÇOISE DOLTO

Para compreender o alcance do poder do discurso enganado é imprescindível levar em consideração que as crianças compreendem tudo, mesmo que ainda não contem com o sistema de linguagem verbal. Segundo a pediatra e psicanalista francesa Françoise Dolto, "os seres humanos têm a mesma capacidade de compreensão desde o dia da concepção até o dia de sua morte".

Conheci a obra de Dolto em Buenos Aires, quando era adolescente. Durante meu longo exílio em Paris, tive muitas oportunidades de vê-la em ação e ouvir muitas intervenções trabalhando na célebre "Maison Verte". A "Casa Verde" funcionava em uma grande área no andar térreo de um prédio do 15º *arrondissement* e abria suas portas todas as tardes para que as crianças de até 3 anos brincassem e interagissem, sempre e quando estivessem acompanhadas pelas suas mães ou pessoas próximas. A cada dia da semana três profissionais ficavam à disposição delas. As segundas-feiras eram os dias fixos de Françoise Dolto, e durante anos estive presente com meus filhos, atenta às palavras espontâneas e diretas que ela utilizava para se dirigir às mães.

O que ela fazia com naturalidade me deslumbrou de imediato: conversava com as mães e logo se dirigia às crianças pequenas — mesmo que fossem bebês — para relatar a elas, com palavras simples, aquilo que a mãe havia lhe contado, sem se importar se eram assuntos "complexos". Eu tinha 20 anos e fui testemunha dos rostos compassivos dessas crianças e de como essas criaturas eram capazes de acompanhar suas mães em situações difíceis depois que compreendiam a verdade do que acontecia.

Nesse momento encontrei sentido em uma das minhas tantas certezas internas: eu queria encontrar uma maneira eficiente para que cada mãe conseguisse falar a partir de seu coração, sincera e abertamente, com seus próprios filhos e sem a mediação de um profissional. Aqui estou, quase 40 anos mais tarde, tentando sistematizar uma metodologia que simplifique a aproximação entre eles.

O QUE É A VERDADE?

A questão é que o tema "verdade" sempre me chamou a atenção. Durante meus primeiros anos de trabalho atendendo mães e pais, eu insistia que os adultos tinham de falar a verdade com as crianças, já que elas não só compreendem como, dentro da fusão emocional, vivem como sendo próprio cada sentimento, sensação ou emoção da mãe, sejam elas passadas, presentes ou futuras. Portanto, se a criança sabe, não há nada mais tolo que negar aquilo que ela sabe. Além disso, a criança precisa de palavras mediadoras do adulto para organizar o que sabe. Na vida cotidiana seria ideal que sempre nomeássemos as coisas tal como são. Por exemplo: se formos obrigados a deixar o nosso filho para ir trabalhar, vamos dizer: "Vou trabalhar e volto tal hora", em vez de fugir quando a criança está distraída. Por quê? Porque, se a criança registra que, cada vez que se distrai, sua mãe desaparece, saberá que não pode se distrair, ou o preço a pagar será caro. Pela lógica, ela vai se esforçar para permanecer alerta, mas, por costume e ignorância, vamos nomear algo diferente do que acontece: em vez de dizer "Esta criança está alerta porque tem medo que a mãe desapareça assim que sair do seu campo de visão", vamos afirmar: "Esta criança é superprotegida, já que tem idade suficiente para se virar sozinha e não chorar cada vez que a mãe não está. Precisa de limites urgentemente." Em todas as famílias decentes reproduzimos situações banais como esta.

Quero demonstrar que as deturpações, as interpretações discutíveis e a distância entre o que acontece na realidade e o que nomeamos são tão imensas, além de habituais, que acho um milagre o fato de não estarmos loucos. Porque a loucura é isso: uma **leitura deturpada da realidade**. Com efeito, estamos acostumados a nomear as coisas diferentemente do que são. Assim, nós fomos crianças, e, assim, perpetuamos o sistema, sem maior consciência e sem considerar que seja tão grave.

Além de que considerarmos bobas as crianças ou de pensarmos que não têm por que saber das coisas de gente grande (insisto que elas sabem tudo porque **vivem dentro do mesmo território emocional da mãe**, no mínimo) e lhes negarmos aquilo que para elas é evidente porque o sentem com todo o seu ser, há algo ainda mais complexo: se quiséssemos dizer a verdade a elas, que verdade seria essa? Que porção de verdade relataríamos?

A verdade não é o que pensamos. Não são nossas opiniões nem nossos sistemas de valores. Não é constituída pela nossa moral, por mais que seja uma moral excelente. Não é o nosso olhar com relação aos demais. Não é contar o que acontece conosco, já que temos uma interpretação enviesada a respeito de nossos assuntos pessoais. Por outro lado, nossa mãe nos contaram essas verdades até a exaustão quando éramos crianças, mas tudo o que sabemos sobre ela é **discurso enganoso**. E então?

INTEGRAR O PONTO DE VISTA DE TODOS

Neste ponto, aparece um problema ainda mais complexo: como falar e como contar algo verdadeiro se não temos acesso à nossa **verdade interior**? No final das contas, o que é a verdade? No máximo, um olhar o mais amplo possível de um *cenário*. O que é um *cenário*? Um âmbito, um território, um momento histórico, uma família, uma comunidade ou um circuito da ordem que for com leis próprias na qual participa uma quantidade de personagens: cada um com seu próprio roteiro, com sua própria cegueira e com sua própria vista parcial de cada assunto. Poderíamos dizer que a abordagem de algo próximo à **verdade** seria a intenção de **ver com um zoom mais aberto, aumentado e contemplativo dos pontos de vista de todos** até encontrar a lógica que sustenta o intercâmbio entre todos os personagens de um *cenário* qualquer.

Poderíamos comparar esse olhar ampliado com uma peça de teatro. Se nos sentíssemos identificados com apenas um personagem e nos interessasse apenas o que esse personagem deve dizer, nós o defenderíamos, mas dificilmente compreenderíamos a lógica da trama completa. Portanto, seria improvável que pudéssemos encontrar soluções para o conflito que o fio dramático da peça apresentasse, já que a vista parcial de um só personagem não nos daria toda a informação necessária. A mesma coisa acontece na vida cotidiana: quando consideramos apenas o nosso ponto de vista, sem levar em consideração o ponto de vista dos outros e sem considerar a história ou os interesses que foram organizando o conflito ou o nó de alguma coisa que nos faz sofrer, não é possível compreender nada.

Qualquer coisa que dissermos a respeito será "**não verdade**", porque responderá a um ponto de vista cego. Podemos chamá-lo de "**discurso enganoso**", "discurso parcial" ou o que for. Como saber que não é verdade o que um determinado personagem diz? Porque na mesma trama há outros personagens que defendem outras versões do assunto, com frequências contraditórias ou opostas. Portanto, uma coisa é a interpretação subjetiva, a ideia, a opinião e o ponto de vista de um indivíduo; outra coisa, muito diferente, é o acesso à verdade, que contempla um mapa completo com uma lógica que o sustenta.

Em nossa cultura não temos o hábito de ver os **territórios ampliados**, nem os mapas completos. Nossas cegueiras favoritas nos convidam a ter opiniões sobre tudo, a favor de alguma coisa e contra outra coisa. Portanto, o acesso que temos à nossa própria verdade é escasso. Quer dizer que, se não compreendemos nossos *cenários* ampliados, como poderemos compartilhar com outros aquilo que acontece conosco? Como vamos falar sobre **a verdade**? Como supor que abordaremos a verdade interior dos outros se não podemos tocar a nossa? Tendo chegado a esse ponto, como vamos reconhecer, sentir, perceber ou experimentar o que pode acontecer interiormente a outro indivíduo se nem sequer compreendemos aquilo que acontece em nosso interior? Se esse indivíduo é o nosso filho pequeno, nós contamos com recursos para sentir aquilo que ele sente?

Antes de nos apressarmos para responder que sim, que somos mães e pais carinhosos e atentos, vamos lembrar se durante a nossa infância nossa mãe sabia o que acontecia conosco. Procuremos cenas — se é que existiram — nas quais ela falou conosco com consciência e abertura, formulando perguntas até saber o que estava nos fazendo sofrer, o que nos dava medo e quais eram nossos desejos secretos. Voltemos ao passado e vislumbremos se alguma vez ela esteve em nossa pele, se nos defendeu dos agressores, se fez algum caminho mais fácil, se colocou palavras em sentimentos ambivalentes, se facilitou nossa entrada na puberdade, se nos acompanhou amorosamente em cada passo temerário ou desconhecido. Alguma vez nomeou com simplicidade as nossas dificuldades ou nos emprestou palavras para superar um obstáculo com inteligência emocional, com compaixão ou solidariedade? Isso aconteceu? Pois bem, então ainda teremos de descobrir o terreno da consciência dos nossos próprios *cenários*. Dificilmente poderemos compartilhar nossa **própria verdade** se continuarmos repetindo **os discursos familiares enganados**.

Se aquilo que pensamos sobre nós mesmos não é a verdade, como encontrá-la? Precisamos de um **roteiro confiável**. Eu proponho o sistema de indagação pessoal que denominei "a construção da **biografia humana**". Claro que não é o único sistema confiável, mas advirto que no universo da psicologia — apesar da reputação exagerada que mantém — há poucos profissionais suficientemente livres de preconceitos para trabalhar **a favor da verdade**. Quer dizer, perseguindo o objetivo de abordar com a lente mais ampliada possível um *cenário* lógico. Nem bom nem ruim. Nem justo nem injusto. Simplesmente temos de compreender "como acontecem as coisas" antes de pretender mudar algo na nossa vida ou na vida dos outros.

Fora da psicologia convencional existem múltiplas ferramentas e guias para o autoconhecimento. Sempre existiram, em todas as épocas e em todas as culturas, religiões e morais que ajudaram a organizar a vida dos seres humanos na Terra. Entretanto, a maioria dos preceitos disponíveis que chegaram até nós por meio dos grandes mestres foi esquecida por nós em nossa prática cotidiana. Por quê? Porque não fomos **amados quando éramos crianças quando precisamos**. Essa foi a pior traição, e a maioria dos indivíduos não pode superá-la. Em primeiro lugar porque não compreendemos que aquilo que aconteceu conosco **foi terrível para a alma infantil**. Não compreendemos porque **nossa mãe respondeu outra coisa**: nossa mãe respondeu que passou por coisas piores quando foi criança. É verdade? Sim, claro. Entretanto, quando nós fomos crianças, nossa mãe já era adulta e tinha a oportunidade de se compreender e não desdobrar na geração seguinte (em nós) as consequências do desamor.

Nós agora somos adultos e poderíamos continuar com a tradição dos nossos antepassados: delegar à geração seguinte a falta de conhecimento sobre nós mesmos e as cegueiras que trazemos associadas, pois temos certeza de que as crianças de hoje não sofrem como nós sofremos. Hoje têm a internet à disposição, maior poder de consumo, redes sociais, televisão até no carro quando saem de férias e atividades para escolher. Não poderiam querer mais. É verdade? Não, não é verdade. É uma mentira piedosa que contamos para nós mesmos para não assumir a porção de dor pelo desamor sofrido quando éramos crianças. Mas, hoje, teríamos a possibilidade de rever esse passado para não transferir esse vazio às próximas gerações. De fato, a decisão de cortar em algum momento as correntes de incompreensão, desamor e cegueira estão ao alcance de quem quiser. Podemos ser nós. Ou será a nossa descendência no futuro.

EM BUSCA DA VERDADE INTERIOR

O que é necessário para cortar a corrente transgeracional de cegueiras? Em primeiro lugar, a intenção de **rever o desamparo das nossas infâncias** observando com compaixão e coragem o que aconteceu. Não se trata de culpar alguém; pelo contrário. Precisamos compreender como a nossa alma infantil se distanciou de seu "si mesmo", tomando como certas as palavras ditas pelos adultos — especialmente pela nossa mãe — até omitir todos os vestígios de dor.

Nossa mãe nunca disse: "Você está certa por chorar pedindo atenção, já que eu não me sinto capaz de dar tanto quanto você está genuinamente precisando." Não. Nossa mãe disse: "Você requer muita atenção." Ou, então: "Você é muito manhoso." É verdade? Não. É a **opinião subjetiva de nossa mãe**, sustentada pelo seu próprio desamor, com buracos emocionais e suas necessidades infantis e ainda não preenchidas. Mas, se nossa mãe está historicamente necessitada, como poderia nos preencher? Compreendendo-nos. Tornando consciente nossa realidade emocional passada e decidindo se sustentar no olhar ampliado de todo o *cenário* do qual faz parte. Isso não aconteceu porque nossa mãe — coitada — passou a vida trabalhando para nos alimentar. Muito bem. Então ela nos delegou essa responsabilidade.

Quem é responsável, no final das contas? Qualquer adulto que assim o decidir.

Observemos que as crianças nunca são responsáveis. As crianças são dependentes do cuidado dos adultos. No máximo são capazes de reagir no automático contra as vivências de desamparo, violência, solidão ou abandono. Essa reação é um recurso inato para garantirmos nossa sobrevivência física e emocional. As crianças esperam o cuidado e a proteção dos adultos, e, quando isso acontece, fluem amorosamente na medida em que são bem-vindas ao coração de seus pais.

Por outro lado, quando nos tornamos adultos, temos a responsabilidade de abordar — em primeiro lugar — nossa própria **biografia humana**. À medida que observamos a **dimensão do desamparo sofrido** e podemos encontrar novas palavras para nomear essas vivências que se encaixam em nossa alma infantil ferida, as sensações começam a se acomodar, como se fossem partes de um quebra-cabeça.

Um profissional treinado na construção da **biografia humana** (um beagador) **nomeia,** com palavras simples, cenas que o indivíduo não consegue nomear porque não se lembra. Por que não se lembra? Porque ninguém as nomeou assim. Portanto, elas não puderam organizar-se em sua consciência.

As lembranças se estabelecem se existe uma **ordem**. Por exemplo, diante da imagem de um "caça-palavras" (muitas letras dispersas sem nenhuma ordem), não somos capazes de relembrá-las. Mas se as letras forem organizadas formando palavras e se essas palavras forem organizadas formando frases, será possível relembrar, porque a "construção organizada" faz sentido.

Com a consciência acontece a mesma coisa. **Se não houver ordem, não podemos relembrar.** De fato, é possível não lembrar de cenas que vivemos e não foram nomeadas (por exemplo, os abusos sexuais durante a infância), e inversamente relembrar alguma coisa que não tenha acontecido, mas que foi nomeado (por exemplo, a importância de algum personagem admirado pelos adultos que talvez não tenhamos conhecido).

Um profissional treinado — um beagador — cumpre o papel que deveria ter sido cumprido por um adulto consciente quando fomos crianças: vai perguntando com sutileza e **alma de detetive** até acertar em cheio e checar que o que estamos abordando **coincide** com sensações internas e legítimas. Como o profissional sabe se o que ele nomeia está relacionado com a verdade? Porque os consultantes percebem isso de imediato. Ativa-se o **registro interno**, a certeza de que alguma coisa dita pelo outro **coincide** plenamente com sensações, vivências e sentimentos que sempre estiveram presentes no nosso ser interior, mas que não haviam encontrado uma ordem lógica para serem compreendidos. Agora têm nome. Chama-se desapego. Ou medo. Ou solidão. Ou desejo de ser amado. O que for.

O que fazemos quando relembramos, organizamos, observamos e dimensionamos o desamor da nossa infância? Não há nada a ser feito de maneira imediata, porque estamos apenas começando a entrar em contato com a nossa **verdade interior,** que é o conjunto de **vivências legítimas** que foram descartadas pelo nosso "eu enganado"*. Possivelmente porque não se encaixavam no *personagem* que nos protegia. Por exemplo, se nos transformamos no salvador de nossa mãe e no responsável por toda a família, não tivemos permissão para o medo ou para a timidez. Ao contrário, o temor foi destinado ao nosso irmão caçula, que permaneceu enroscado em sua depressão. Se mandarmos para longe nosso próprio medo e sairmos ao mundo para ganhar batalhas a fim de que ela nos admire, não nos lembraremos de nenhuma cena relacionada ao medo. Isso não significa que jamais passaremos por situações de perigo ou obstáculos muito complexos para afrontar enquanto crianças. Só que, se aconteceram, não podemos relembrá-las, porque nossa mãe nunca nos nomeou como medrosos, mas sim como intrépidos.

Abordar com o olhar ampliado a nossa própria infância pode demorar um bom tempo, sobretudo se a distância entre as nossas vivências e o que foi nomeado é muito ampla. Uma vez que nos reconhecemos, podemos ter compaixão da criança que fomos, e,

---

* O "eu enganado": a autora refere-se aos pensamentos, opiniões e construções mentais que defendemos, e que podem não corresponder à realidade real; entretanto, nós os consideramos verdadeiros. É um autoengano instalado desde nossa infância. [*N. da T.*]

tendo chegado a esse ponto, estaremos abertos para sentir aquilo que o outro sente. Pode ser nosso parceiro ou parceira, nosso irmão, nosso vizinho ou nosso filho. Sem opiniões, sem julgamentos sobre o que está certo ou errado. Somente dispostos a sentir vibratoriamente aquilo que o outro sente, inclusive se esse outro não reconhece aquilo que sente!

A INTIMIDADE EMOCIONAL: UM OBSTÁCULO FREQUENTE

Rever a nossa infância é tudo o que devemos fazer? Não. Esse é apenas o primeiro passo. Toda a metodologia para abordar uma **biografia humana** está descrita, portanto, convido meus leitores a reverem meus livros já publicados. Neste texto quero enfatizar especialmente a **deturpação** e a mentira presentes na vida, tanto no passado quanto no presente. De fato, não chamamos a atenção de adultos, nem relacionamos os gritos desesperados das crianças pedindo coerência, enquanto pretendemos encaixar a realidade externa à força.

Quero dizer que aproximar a verdade das crianças somente será possível se abordarmos, primeiro, nossa própria verdade. Como seria falar com a verdade? Permanecendo em **intimidade emocional** com os filhos. E como fazemos isso? Nós nos perguntamos isso porque desconhecemos tudo o que é relativo à intimidade emocional, já que vivemos vidas superficiais. A superficialidade é outro recurso eficiente para não enlouquecermos, devido à distância entre nossas vivências internas e o que organizamos ao longo da nossa vida, a partir das palavras não ditas ou enganosas dos nossos pais quando fomos crianças.

Vejamos um exemplo. Uma consultante — a quem chamaremos de Sara — tem um bebê de 10 meses, e sua sogra acaba de ser diagnosticada com câncer nos ossos com um prognóstico ruim. A reserva e a discrição são valores enraizados na família de seu cônjuge. Ninguém fala abertamente sobre nada, muito menos sobre uma doença grave. Sara sente muito carinho pela mãe do seu marido e prefere respeitar a estrutura familiar ficando disponível para ajudar, acompanhar ou facilitar os trâmites médicos ou farmacológicos. Ainda amamenta o seu filho e se pergunta como é que Francisco deve estar vivendo a tristeza que a inunda. Sara pergunta o que fazer. Deve contar ao filho o que está acontecendo? Por acaso não seria trair um pedido expresso da família de seu marido? Por outro lado, a criatura ainda é um bebê, obviamente, ainda não fala e não vai mudar nada se ouvir ou não. Temos de dizer tudo às crianças? Qual é o limite?

A partir de um olhar simples — e "gutmaniano" —, diremos que a criança vive dentro da **fusão emocional** de sua mãe, portanto, sente a tristeza, a angústia e a dor. Sente o mesmo que a mãe. É a mesma água. É a mesma temperatura. É o mesmo território. A criança já sabe disso, ainda que fosse útil que a mãe nomeasse com palavras aquilo que acontece para que possa organizar aquilo que sua vivência interna já sabe. Até aqui, tudo óbvio. A partir de um olhar ampliado, observaremos que Sara se casou com um homem que aprendeu desde sempre a calar, a mandar para longe os seus sentimentos, a se virar sozinho com suas vivências internas e a não contar com as palavras que não nomeiam nada.

Ao menos, nada relativo ao seu universo emocional. Teremos de rever, então, a **biografia humana** de Sara, sua infância, seus próprios *cenários*, o *personagem* que lhe deu amparo e toda a política de vínculos, até compreender quais são os pontos de encaixe com seu marido. Como os silêncios foram úteis para ambos os silêncios, os segredos, as verdades não ditas e a distância afetiva. Será necessário compreender com uma lente ampliada a política dos *cenários* que construíram juntos, o risco de intimidar demais e a tranquilidade que lhes deu não entrar tão profundamente no interior de cada um. Ambos recolheram suas dores e suas perdas, mas talvez no seio do casal esses detalhes não tenham sido compartilhados.

Até aqui as contas fecham. Tiveram um filho saudável, que é criado em harmonia e sem grandes conflitos. Porém, Sara não teve a oportunidade — até agora — de entrar em suas zonas escuras nem de trazer à tona realidades não reconhecidas.

Acontece que Sara se pergunta se o impacto com a notícia da doença de sua sogra diz respeito à criança. Pensa, na teoria — porque leu nos meus livros —, que as crianças têm direito à verdade. E a sua lógica mental está correta. Mas não lhe nasce espontaneamente compartilhar essa vivência com o filho. Ela não saberia como fazer isso, nem para quê.

Eis aqui um assunto importante: não temos experiências concretas sobre **compartilhar com intimidade** os nossos territórios emocionais. Acreditamos que o que nos acontece, acontece apenas conosco, e o outro não está envolvido. Mas, emocionalmente, estamos muito mais entrelaçados do que imaginamos. O fenômeno da **fusão emocional** simplesmente existe entre tudo o que é vivo. Entre uma mãe e um filho, a fusão emocional se manifesta em sua máxima potência, já que é absoluta, completa e total. Por isso, aquilo que a criança sente como próprio vai além do impacto por uma notícia atual, pois está contido na totalidade das nossas experiências, lembremo-nos delas ou não. Nesse exemplo, a história dos silêncios, das angústias não compartilhadas, dos medos pelas perdas de qualquer ordem, a aparição de doenças ou a simples distância afetiva que aparece como reação à dor, tudo isso constitui o acesso à nossa verdade.

Então, Sara tem de relatar ao filho que a avó dele está doente? Isso é o menos importante. É uma pequena verdade que está contida em uma sequência de verdades que constitui um cenário mais amplo no qual todos poderíamos nos reconhecer, se nos virmos nele. O que

Sara poderia fazer é observar amplamente todo o seu *cenário*, e essa atitude lhe permitiria viver espontaneamente **na verdade**. Então, falaria da doença da sua sogra, mas também da dor e da esperança, dos seus desejos e dos seus medos, o tempo todo e a cada momento, porque fariam parte do seu ser. E nessa intimidade de coração aberto a criança cresceria com consciência, quer dizer, com palavras que nomeariam estados emocionais ampliados, tanto os seus como os da sua mãe, os dos colegas da escola e os dos vizinhos. Logo, o acesso à **verdade interior** se transformaria em um hábito cotidiano.

Organização da loucura

Nenhuma criança nasce louca.
Todo desequilíbrio mental é **adquirido**. Isso significa que **alguma coisa aconteceu** conosco quando éramos crianças e que reagimos de alguma maneira a isso.
A loucura é um conceito difícil de definir. O que significa estar louco? A princípio, significa que fazemos uma **abordagem deturpada da realidade**. Se uma pessoa nos serve uma xícara de café e nós achamos que a xícara tem veneno e que essa pessoa quer nos matar, é provável que alguém ao nosso redor diga que estamos loucos. Sobretudo se analisarmos o café e não houver rastro algum de veneno nem motivos para que alguém queira nos fazer mal. Ainda assim, nós estaremos certos de que, se tomarmos o café, estaremos correndo perigo.
Os diagnósticos de doenças mentais abrangem uma gama de manifestações; me interessa descrever como conseguir que **uma mente nascida pura e saudável "enlouqueça"**. Veremos também que os diferentes diagnósticos não servem para muita coisa, exceto acalmar aqueles que estão ao redor do indivíduo supostamente desequilibrado. Também separá-lo de nós, enclausurá-lo e distanciá-lo, amparado em uma suposta legalidade.

A INTENSIDADE EMOCIONAL DAS CRIANÇAS

Dissemos que na nossa civilização **é muito difícil encontrar um recém-nascido que receba de sua mãe o nível de amparo, dedicação, ternura e aconchego que espera**, em sintonia com as vivências que teve durante os nove meses em que cresceu dentro do ventre materno, quando experimentou um estado de conforto absoluto.

A criança nasce, e não só não se encontra nos braços de sua mãe, mas também as reações vitais que gera para tentar atraí-la — pranto, gritos, doenças e brotoejas na pele — às vezes têm efeito contrário: ela não só aparece para nos dar colo como está tão incomodada que nomeia o que acontece conosco com palavras muito distantes da nossa realidade. À medida que crescemos, nossa mãe dirá: "Você é um tolo" ou "Você é insuportável" ou "Você é tão maduro que deveria cuidar dos seus irmãos, porque você é grande e, eles, pequenos" ou "Eu sofri demais e você não tem motivos para exigir mais do que tem" ou "Você é superprotegido". Enfim, todas essas palavras, seguidas do **eu enganado** da nossa mãe, organizadas por um acúmulo de cegueiras, juízos e preconceitos transmitidos de geração em geração sem mediar nenhum contato com a realidade interior de ninguém, fazem estragos. Porque **nomeiam fatos que não existem**. Não é verdade que sejamos tolos. Não é verdade que sejamos maduros, ainda que tenhamos irmãos menores. Não é verdade que tenhamos tudo de que precisamos. Não é verdade que tenhamos sido superprotegidos.

Da nossa primeira infância, aquilo que nossa mãe nomeia **não é verdade**. Portanto, é difícil abordar a **realidade real** sem a mediação das palavras dos adultos que nos permitiam apreendê-la. Até aqui, o habitual. Agora vejamos o que acontece na maioria das famílias.

Quando nascemos, desdobramos uma potência e uma intensidade emocionais impressionantes. Da parte das mães, assim que acabam de parir e ainda desejando amar seus filhos, sentem-se esgotadas e temerosas devido a intensa demanda fusional. Por quê? Porque, se as mulheres que se tornaram mães vêm de histórias de desamparo, solidão, violência ou maus-tratos, tudo referente ao território afetivo, vamos **esfriá-lo para não sofrer**. Dedicamos muitos anos da nossa vida a instaurar distância suficiente com relação às manifestações afetivas: trabalhamos, tivemos boas relações com um parceiro, mas a criança pequena demanda uma intensidade passional que nos deixa absortas. Queremos fugir dessa demanda porque nos traz lembranças da nossa própria fome de fusão quando fomos crianças. Algumas mães escapam — fisicamente, ou desconectando-se emocionalmente, ainda que fiquem em casa. Outras, se violentam, porque simplesmente não toleram a demanda.

A violência explode a cada momento. Lógico que o *continuum* da violência está instalado desde tempos remotos em nossa linha genealógica ascendente. Não estou culpando ninguém. Estamos tentando olhar para a realidade ampliada dos nossos *cenários*. Tenho certeza de que **a pior violência é a violência do desamparo quando somos crianças pequenas**. Logo todos seremos **perpetuadores** dessa violência, ainda que nossa reação tome diferentes formas.

Podemos definir o que é pouca violência ou muita violência? Não. **Violência é violência,** ainda que, às vezes, se defina por meio de modos mais visíveis como socos, surras, castigos ou assassinatos; e outras vezes ganhe formas menos visíveis, como o abandono, a humilhação, o descrédito ou a depressão. Isso está escrito detalhadamente no meu livro *Adicciones y Violencias Invisibles*.

As crianças não estão preparadas para sofrer violência sob nenhuma forma, porque nascem amorosas.

Portanto, quando as crianças são maltratadas em um nível que não podem tolerar porque preferiram morrer a viver nessa realidade hostil, às vezes — nem sempre, somente às vezes — **se desconectam**. Como fazem isso? É fácil: decidem sutilmente que o que acontece na realidade não acontece. Por outro lado, a mãe confirma isso. Se existe alguma coisa que acontece e nós decidimos que não acontece, por acaso isso não se chama **deturpação da reali-**

dade? Isso não é loucura? Se for loucura, não devemos estar todos loucos? Talvez, talvez...

Há uma linha misteriosa entre aqueles que não toleram certos níveis de maus-tratos e aqueles que se adaptam fazendo uso de diversos mecanismos. Também há diferenças entre violências toleráveis e níveis de violência intoleráveis. Mas quem é capaz de determinar o nível 4, o nível 15 e o nível 100? Por que algumas crianças toleram o nível 96 e outras não toleram o nível 47?

A questão é que algumas crianças são extremamente sensíveis (em termos astrológicos, podemos dizer que são feitas de "água", ou que têm muitos elementos de água na matriz energética: câncer, escorpião, peixes, netuno), e a dor diante da violência da mãe é impossível de suportar. Então reagimos com fúria. É possível que a violência da mãe toque na crueldade (a crueldade contra as crianças é banal em nossa civilização; não vale a pena nos horrorizarmos). Fui detectando que, quando **há altos níveis de crueldade** em relação a uma criança com **alta sensibilidade**, o resultado é lancinante.

O DESESPERO MANIFESTADO

A princípio, as crianças entre 0 e 7 anos choram muito. Fazem birra, tentam de todas as maneiras explicar à mãe que sofrem na escola, que têm medo de gato, que o avô lhes faz mal, que têm pavor de ficar sozinhas, que existem monstros atrás das janelas, que os mosquitos picam escondido entre os lençóis, que têm um nó no estômago e não conseguem comer, que, se comem a comida, dá dor de barriga, que querem ficar em casa, que não querem brincar com outras crianças, que batem nelas, que estão desesperadas e só querem um abraço. Entretanto, vão à escola, convivem com gatos, dormem na casa do avô, passam muito tempo sozinhas, ninguém as defende dos monstros, ninguém mata os mosquitos, ficam desprotegidas diante da professora, comem com nojo o prato inteiro de comida e não sabem como conseguir um abraço. São tão grandes o desespero e as ameaças recebidas pela birra que fizeram no ônibus no domingo passado que a mãe e o pai sistematizaram castigos. Agora, passam muito tempo sozinhas no quarto, sem poder ver televisão e sem comer com a família. Logo crescem e se tornam taciturnos. Na escola, não têm amigos. Preferem se fechar com seus joguinhos eletrônicos para que ninguém as incomode. Isoladas e sem interesse pelos movimentos familiares. Os pais as consideram bobas. Só querem saber de ganhar o último jogo eletrônico que apareceu no mercado. Os pais jamais o comprarão, já que a criança está de castigo. Até que um belo dia, com 13 anos e a ameaça dos adultos de deixar a criança sozinha na casa do avô, ela faz uma birra fenomenal. A diferença é que já mede um metro e sessenta. Se joga no chão, pretendendo tirar a roupa e os sapatos, batendo as pernas para que ninguém se aproxime. Em meio à descarga de ira, aparece algum tio que foi testemunha. Esse tio liga para o médico. O médico chama o psiquiatra e voltam para casa com um **diagnóstico de surto psicótico** e uma lista de remédios que a mãe vai comprar. A mãe está surpreendentemente calma, porque já teve respostas: agora, encontrou o significado esperado para justificar as descargas: "Está doente", por isso era indomável. A explicação sobre a tranquilidade que esperava. Pronto. Com a medicação, não precisará mais aguentar birras, porque, na verdade, não eram birras, eram "surtos".

Problema resolvido! Inventamos um louco.

Lógico que ninguém olhou além da situação. Desde que ela nasceu, nunca ninguém esteve na sua pele, ninguém sentiu seu abandono, ninguém ouviu as ameaças da mãe dizendo que não deveria ter nascido, ninguém foi testemunha das surras que o pai deu com o aval da mãe com uma pá cheia de lama. Ninguém conteve a mãe para que não descarregasse sua fúria na criança quando encontrou o pai com outra mulher. Ninguém apoiou a mãe para que dissesse uma vez, pelo menos uma vez, uma só vez na vida, uma palavra carinhosa. Ninguém propôs à mãe uma ideia original de tratamento bom, porque ela mesma não tinha aprendido. Ninguém sugeriu que revisasse seus fracassos, sua impaciência ou seu destrato. Ninguém se aproximou na escola nem na vizinhança para perguntar o que a criança gostaria de fazer. Ninguém acudiu a criança em meio a uma birra desesperada. Muito pelo contrário: todos os adultos se juntaram para acusá-la de malcriada e malnascida. E a criança — ainda criança — resistiu com pancadas, gritos e chutes. Até que a força da medicação psiquiátrica a calou.

AS BATALHAS ENTRE O NOSSO SER ESSENCIAL E A MEDICAÇÃO PSIQUIÁTRICA

A medicação psiquiátrica suga nossa força vital. Nos deixa moles, apagados e abobalhados. Pelo menos nós deixamos de ser um perigo para os outros e — conforme as vozes eruditas — deixamos de ser perigosos para nós mesmos. Ainda que o único perigo seja a **força da voz interior** que surge do fundo do nosso ser.

Estamos cheios de raiva e desespero, desejando ser amados. Esse é o grito que gritamos e que parece assustar tanto os demais, ainda que ninguém tenha se assustado no passado pela violência exercida sobre nós no seio do nosso lar.

Uma vez **diagnosticados**, atravessamos a adolescência entre a compaixão dos nossos pares, porque "estamos doentes", e nossa própria condescendência, porque também achamos que "estamos doentes". Portanto, nos tornamos dependentes das visitas ao psiquiatra, supondo que temos de acatar aquilo que os outros indicam e minimizar os chamados angustiantes das nossas certezas internas, já que se supõem que esses "ataques" internos são o que provoca a nossa loucura. Tudo isso é um despropósito. As conversas nos convidam a deixar de lado as únicas certezas internas para seguir os cânones das vozes externas: pais, médicos, bons modos e mentiras diversas.

As visitas ao psiquiatra tampouco são oportunidades para encontros, diálogo ou compreensão sobre si mesmo. Ninguém investiga os maus-tratos históricos da nossa mãe, muito menos as suas fúrias e os seus ataques. Não há nenhum convite para olhar de maneira ampla para os nossos cenários. Não, imagine! É um trâmite no qual se formulam algumas perguntas conforme um protocolo despersonalizado, e logo se muda a medicação ou aumenta a dose do que já ingerimos. Depois, marcamos uma nova consulta para o mês seguinte, enquanto tudo está sob controle, quer dizer, **sem conexão com a nossa desgarradora necessidade de amor**.

Às vezes acontece algo interessante: o corpo vai metabolizando a medicação, ou seja, vai se acostumando com ela. De repente, já não estamos tão abobalhados. Reaparece um pequeno **sinal de lucidez emocional**. Através dessa brecha sutil, voltamos a sentir a raiva, o desespero por sermos amados, o desejo de sermos levados em consideração, a vontade de gritar aos quatro ventos o que nos acontece mesmo que não contemos com essas palavras de que tanto precisamos. Então, reagimos. Fazemos algo fora do comum para demonstrar a nós mesmos que estamos vivos. Nos jogamos do primeiro andar. Gritamos como loucos para os passageiros do trem. Tiramos sarro da cirurgia plástica das mulheres que passam embaixo da nossa janela. Gritamos palavras grosseiras. Damos gargalhadas. Damos os nossos sapatos para os mendigos e voltamos para casa descalços. Diagnóstico: novo surto psicótico. Clausura. Nova medicação. Mais solidão, isolamentos e incompreensão. Até que nós mesmos estamos certos de que não somos confiáveis e de que sem a medicação não podemos viver. Temos medo de sair se não tomamos todas as doses prescritas.

É muito fácil **transformar qualquer criatura sensível em louco** assim que ela chega à adolescência e tem força vital suficiente para gritar aquilo que foi calado quando era criança. A pergunta é: por que não estamos todos desequilibrados se todos viemos de histórias diferentes de maus-tratos? Não conto com apenas uma resposta. Por ora, estamos observando dezenas e dezenas de **biografias humanas** com mente de detetives, enfatizando: 1) o nível de crueldade, 2) a distância entre o que a mãe disse e a vivência interna da criança, 3) a extrema sensibilidade de algumas crianças, 4) a força vital da criança que precisa expressar a contradição entre o si mesmo e o entorno e 5) as crianças que não se conformam em se adaptar à violência.

Quando coincidem essas variantes em um só *cenário*, a aparição das reações aparentemente exageradas das crianças (nenhum adulto gosta das birras no supermercado por causa de um chocolate que não foi comprado) nos leva a pensar que acontece alguma coisa com essa criança, que ela está errada. Com frequência, vemos a última cena do filme (a birra) em vez de ver **o filme inteiro** (a vida inteira dessa criança **maltratada, abandonada, anulada e desprezada pela mãe**). Logo supomos que são as crianças que deveriam mudar suas atitudes, com um pouco de boa vontade, e que os adultos não têm nada a ver.

LOUCURA OU DOR POR NÃO TERMOS SIDO AMADOS?

Comecei a me interessar por esses assuntos há muitos anos, quando ainda atendia pessoalmente os meus consultantes. Em algumas **biografias humanas,** apareciam consultantes, irmãos/irmãs esquizofrênicos/as. Eram dados que eles traziam de passagem. Nesses casos, eu percebia que não havíamos abordado com profundidade suficiente a violência e a **crueldade maternas** durante essas infâncias, portanto, costumava voltar a essas questões, e na totalidade dos casos encontrava níveis de violência impressionantes, ainda que amenizados durante o relato. A pergunta que eu me formulava era por que os meus consultantes pareciam pessoas coerentes se vinham do mesmo desastre que seus irmãos/irmãs. Durante anos, simplesmente investiguei o alcance da **crueldade das mães,** e ajudei a relembrar cenas tão terríveis que, se as transcrevesse, os leitores achariam que são inventadas. De todo jeito, comecei a suspeitar de que as supostas esquizofrenias dos irmãos/as dos meus consultantes eram **maneiras possíveis de sobreviver à crueldade.** Em quase todos os casos, esses irmãos tinham sido os principais **delatores do que acontecia em casa,** portanto, tinham sido **ferozmente castigados e reprimidos.** Desenhando os mapas completos das organizações familiares, chegávamos à conclusão de que os meus consultantes tinham se protegido saindo precocemente desses âmbitos ou tornando suas emoções **o mais rígidas possível, dividindo** o campo emocional e elevando toda a libido em direção à mente. Vou descrever nos próximos capítulos esses mecanismos.

Por que insisto na **violência e na crueldade maternas** e não me dedico a falar dos pais, de quem, na maioria das vezes, lembramos como os piores monstros da nossa infância?

Porque, da violência dos pais, nossa mãe nos falou durante a infância. Então podemos nos lembrar dela e aceitá-la. Essa é uma ordem que coincide: o relato com a realidade. Nesses casos, **não precisamos deturpar a realidade**, porque aquilo que nossa mãe dizia — "O seu pai é um animal" — coincidia com as surras que recebíamos. Por outro lado, nossa mãe **não nomeou** a violência que ela praticava, portanto, **não podemos nos lembrar disso**. De todas as maneiras, supondo que nossa mãe não tenha exercido violência física diretamente, no mínimo teve de ser conivente para que nosso pai descarregasse sua fúria sobre nós, as crianças. **É impossível que nosso pai tenha sido violento conosco sem a anuência, a conivência e o aval da nossa mãe.**

Existe algo mais. Violência é violência, e nós podemos juntar raiva, rejeição ou desejos de vingança. Podemos odiar os nossos pais se isso faz com que nos sintamos bem. Mas nossa mãe — que é a única pessoa no mundo em quem precisávamos confiar e de quem precisávamos beber a substância que nos alimenta — foi a nossa **principal depredadora, e a psique não consegue aguentar. Por isso, a psique se desorganiza. Se desequilibra. Enlouquece.**

É totalmente contrário à natureza humana que a mãe — fonte de prazer, gozo, alimento, acolhimento, proteção, ternura e compaixão — seja aquela que nos destrói, nos mata, nos incrimina, nos desprotege e nos odeia. A psique não pode viver o amor e o desamor ao mesmo tempo. Por isso, quando nossa mãe foi nossa principal depredadora, as crianças têm de se **desconectar dessa realidade e criar uma realidade paralela**: precisam inventar que a sua mãe as ama. Se aparece uma cena na qual a mãe não expressa amor, é deturpada, desnaturalizada e ajustada a algo tolerável para que possa se acalmar. Essa é outra maneira de compreender a **organização da loucura**. Em todos os casos, a loucura — e todos os seus diagnósticos, que são a mesma coisa — responde à **dor por não ter sido amado e cuidado pela nossa mãe como teríamos precisado.**

Chegando a esse ponto, compreendemos que toda medicação psiquiátrica tenta acalmar a angústia, adormecer a dor por não termos sido amados. Logicamente, isso não acaba com a dor, somente nos anestesia durante um tempo. O problema é que não estamos abordando a verdade: a verdade seria o *cenário* completo das origens da nossa mãe e a violência pela qual passou quando era menina, sua incapacidade para se compreender, sua ignorância sobre os assuntos amorosos e a descarga inconsciente da nossa mãe sobre nós, suas criaturas indefesas. Essa poderia ser uma primeira aproximação em direção à verdade, portanto, em direção à compreensão sobre nós mesmos e ao encaixe entre a realidade externa e a interna. **Quando se encaixa, a psique se acalma.** Em todos os casos, com relação aos jovens ou adultos diagnosticados com doenças mentais, somente teríamos de nomear com palavras verdadeiras aquilo que o indivíduo sabe no seu interior com total certeza, mas que o mundo exterior interpreta de modo distanciado e deturpado.

Se fizermos o teste e perguntarmos a qualquer indivíduo diagnosticado como psicótico, esquizofrênico ou algo similar, ele falaria com absoluta franqueza sobre os seus sofrimentos durante a infância. Claro que, se essa pessoa tem 30, 40 ou 50 anos, podemos ter a liberdade de não acreditar no que diz, sobretudo se relata situações que parecem exageradas, inclusive delirantes. Como saber se está inventando? Teremos de rever se a pessoa está muito drogada depois de anos de ingestão de medicação sem interrupções e também teremos de abordar a totalidade da sua **biografia humana,** até detectar as coincidências e a lógica do mapa completo.

Vamos voltar a observar as cenas antes de uma criança ou adolescente ser medicado pelas suas birras. Por exemplo, João Cruz dá um show todas as manhãs antes de ir à escola. Não quer acordar, não toma o café da manhã, bate nos irmãos se eles o incomodam e suplica à mãe a cada dia, antes de sair, que o deixe ficar em casa, dizendo que vai se comportar bem se ela permitir que ele falte. A mãe não dá ouvidos.

Óbvio que ele vai à escola, e se insistir em não querer ir, será castigado. Visitou alguns psicólogos, que garantem à mãe que o menino precisa de limites. E assim se passam os anos. João Cruz detesta ir à escola, e, ainda por cima, fica lá de segunda à sexta, das sete da manhã às quatro da tarde. Uma eternidade. A mãe continua fazendo consultas — supostamente procurando uma solução para esse menino, já que ninguém sugere que ela olhe para dentro de si mesma —, e os profissionais lhe garantem que o menino deveria praticar esportes, porque precisa descarregar os excessos hormonais. Portanto, a mãe o deixa na escola até as sete da noite, praticando atividades de futebol e basquete. João Cruz não gosta de ficar na escola e continua pedindo à mãe que o deixe faltar de vez em quando. Os anos continuam passando. João Cruz está se transformando em um pré-adolescente, continua detestando a escola, não tem amigos nem na escola nem fora dela, já que é um menino "difícil". Os professores o comparam com seus irmãos mais velhos, que estudaram na mesma escola e não tiveram dificuldades. A mãe continua tendo boas intenções, quer que João Cruz seja um jovem normal e que pare de incomodar, já que tem tudo de que um menino precisa: uma família normal, um pai que trabalha, uma mãe que cuida das crianças, uma situação econômica razoável, colégio particular, férias na praia todos os verões e uma família grande, com primos da mesma idade. João Cruz tem 15 anos, é inteligente, bom aluno, ainda que continue pedindo — com desespero — para não ir mais. Um dia, a irmã mais nova o encontra batendo a cabeça na parede até sangrar, e quando a mãe se aproxima para intervir, João Cruz grita: "Não chega perto, senão eu te mato." O que a mãe faz, com o aval do marido, dos familiares, dos professores, dos psicólogos e dos médicos? Está claro que todos determinam, de comum acordo, que esse menino é um perigo para si mesmo e que vão começar receitando *algo leve* para ele.

NOS PRENDERMOS A PENSAMENTOS CONVENCIONAIS OU SENTIR A CRIANÇA REAL

Vou me deter neste ponto. Em que momento podemos parar com essa falta de noção coletiva antes que João Cruz seja medicado? A qualquer momento, inclusive quando ele está batendo a cabeça na parede depois de 15 anos sem saber o que fazer para conseguir que a mãe o entenda, o sinta, o aprove ou o ame. Bastaria dizer a ele: "João Cruz, se você não gosta de ir à escola, não vá." Fim de papo.

É impossível? Por acaso as crianças não devem frequentar uma escola? Devemos deixá-las na escola durante um período menor? Devemos procurar uma escola na qual se sintam bem e tenham amigos? Qual é o limite entre ouvir o que dizem as crianças e que elas façam o que têm vontade? Não é um exagero?

Tudo isso e muito mais foi o que pensou a mãe de João Cruz, e, logicamente, também pensaram todos os leitores. Parece uma loucura imaginar que um menino inteligente deixe de ir à escola. Todos estamos de acordo que seria um despropósito.

O interessante é que pensar alguma coisa fora das nossas convenções e nossas durezas obsoletas parece um despropósito... mas não sentir, não ouvir, não dar aval, não perguntar, não sintonizar nem acompanhar uma criança que vive gritando algo do fundo de seu ser desde que nasceu nos parece normal. Não vemos nenhum problema. Se tivéssemos sido capazes de, desde o começo, estar em sintonia com as necessidades básicas de João Cruz, e se não tivéssemos desmerecido o que lhe acontecia, que ele dizia que acontecia mas que a mãe dizia que não... teríamos economizado muitos dissabores posteriores. Claro que nessa história não há nada fora do *normal*. É comum. No fim das contas, nenhuma criança gosta de ir à escola. O fato de nenhuma criança gostar de ir à escola, mas todas as crianças fazerem isso, **fala do nosso equilíbrio como sociedade?** Ou de uma cegueira coletiva que nos leva a um desequilíbrio geral que não registramos?

Voltando ao caso de João Cruz: o que é o pior que poderia acontecer se lhe oferecêssemos a chance de não ir à escola? Não aconteceria nada. Nada de nada. Talvez João Cruz dissesse à mãe que a ama. Choraria de emoção. Descobriria que ama a música e que é um compositor em potencial. Encontraria por seus próprios meios uma escola de arte frequentada por jovens com interesses semelhantes. Ou não concluiria a escola e pediria para estudar em um conservatório de música. Ou o que for, mas não aconteceria nenhuma tragédia.

Pois bem. Não é isso o que habitualmente acontece. Por quê? Porque teríamos de abordar a **biografia humana** da mãe de João Cruz e compreender o nível de rigidez, obediência e pseudomoralismo religioso que a mantém presa a uma fenda estreita com medo de qualquer coisa que saia de sua rota. O que pode fazer a mãe de João Cruz? Percorrer sua **biografia humana** para se compreender, porque é impossível que abra sua mente e seu coração se os mantém fechados para não sofrer. É improvável que possa **sentir o sofrimento de João Cruz se se nega a fazer contato com a sua própria dor.**

Não há nada muito grave com João Cruz. A única coisa grave é a maneira como perpetuamos a incompreensão em direção às crianças sob os mesmos parâmetros que utilizaram conosco, permanecendo incompreendidos quando fomos crianças. Para que a mãe tenha insistido durante 15 anos que **não acontecia com João o que ele dizia que acontecia a cada manhã de sua vida,** teria de entrar em conexão consigo mesma. A única opção para não medicar João Cruz teria sido tolerar uma evidência simples: a criança não queria ir à escola porque sofria. De todo jeito — nesse caso como em quase todos os outros —, finalmente João Cruz foi medicado. Não sei se consigo transmitir o nível de **crueldade** requerido para permitir que essas coisas aconteçam.

A ingestão de medicação psiquiátrica

Eu gostaria de dedicar alguns parágrafos às **consequências individuais e coletivas derivadas da ingestão de medicação psiquiátrica**. Hoje consideramos banal, comum, frequente e habitual essa prática entre as pessoas que não têm nenhum diagnóstico severo. A normatização da ingestão de psicofármacos é impressionante, a ponto de muitos de nós não lhes darmos importância porque simplesmente fazem parte do nosso jeito de viver. Tomar remédios para dormir, para acordar, para ficar animado, não ficar deprimido, para não sofrer, para não ficar bravo, para acalmar a ansiedade, converteu-se em uma prática habitual. Muitos de nós, diante de um sofrimento que não podemos compreender, visitamos psicólogos, que — desprovidos de ferramentas para nos ajudar — nos enviam ao psiquiatra, que faz aquilo que aprendeu: recomenda o uso de medicamentos.

O que faz a medicação? Efetivamente, nos acalma, nos adormece, nos oferece a doce sensação de estarmos em paz. Para consegui-la, temos de **interromper a conexão com o ser inteiro**. É gravíssimo? Às vezes, não. De fato, é uma maneira de viver que a maioria dos indivíduos escolhe: por cima do horizonte dos sentimentos. Podemos trabalhar, levar uma vida cotidiana organizada, nos vincular de maneira superficial às pessoas próximas, e isso é tudo. Na prática, nem sequer registramos se consumimos alguma medicação, porque consideramos isso uma rotina banal. Qual é o problema? A questão é que estamos "*cortados*" do nosso território emocional, portanto, vamos conservar um registro limitado quando acontecer algo interiormente conosco ou quando alguém muito próximo (nosso parceiro/a, nosso filho) passar por alguma dificuldade no âmbito sentimental. Há menor registro, menos treinamento nos territórios afetivos. Assim permanecemos: cada vez mais despreparados e ignorantes nos assuntos do coração.

Não é gravíssimo, com exceção de que, quando os cenários vão sendo preparados para certas manifestações e começam a pulsar, não temos nenhum registro de nada e somente percebemos quando estala alguma bomba. Quando nosso irmão se suicida. Quando recebemos o diagnóstico de câncer. Quando mandam embora nosso marido, por violência de gênero. Quando nosso filho consome drogas pesadas. Quando um acidente grave nos obriga a deter o andamento da totalidade da nossa vida.

Se a medicação psiquiátrica é banal e as pessoas comuns a consomem como se fossem balas, a medicação prescrita aos jovens para os quais foi diagnosticada alguma coisa — o que for — será permanente e muitas vezes desproporcional. Por outro lado — com exceção dos médicos psiquiatras —, quase nunca sabemos o que contêm essas pílulas coloridas que nos fazem dormir como anjos. E aqui surge um problema: a **medicação não é inócua**, mas obriga o corpo a reagir contra essas invasões químicas, e essas reações precisarão de novas drogas, estabelecendo um circuito sem-fim.

ANESTESIAS *VERSUS* CONTATO EMOCIONAL

Para abordar a verdade de um indivíduo diagnosticado com o nome da doença que for, quer dizer, para rever a totalidade da sua **biografia humana**, o seu *cenário* infantil e todas as suas reações posteriores, precisamos contar com a lucidez emocional do consultante. Mas essa lucidez original está **anestesiada pelo consumo de** medicação. Logo, nossa melhor opção é ir diminuindo as doses e fazê-lo entrar em contato consigo mesmo. Diante dessa proposta, os indivíduos em tratamento sentem pânico. Supõem que seus monstros internos os consumirão se diminuírem as doses. De certa forma, é verdade. Por quê? Porque as suas experiências infantis vão aparecer sem filtro, tal como foram vivenciadas quando eram crianças, com a mesma intensidade, o mesmo desamparo e o mesmo desespero. E isso provoca medo, claro. Sobretudo se as respostas ou a ajuda que obtiveram naquele momento consistiram em anestesiar as emoções dentro de uma aliança férrea entre seus pais e o sistema médico.

Os indivíduos cresceram, mas permaneceram emocionalmente no mesmo ponto infantil, portanto, se sentem imaturos e sem recursos para enfrentar desafios relativos à sua própria inferioridade. É como se tivessem vivido muitos anos em coma farmacológico para um dia acordar e encontrar um mundo desenvolvido, mas sem ter atravessado esses anos. Eles precisam aprender desde o começo, retomando o momento e o lugar onde estavam antes de adormecer. É a mesma sensação.

GUIA PRÁTICO PARA NEUTRALIZAR OS SERES SENSÍVEIS

É perigoso abandonar a medicação? Nós não recomendamos nem uma coisa nem outra. Não prescrevemos remédios, portanto, não é esse o nosso papel. Cada indivíduo decidirá de acordo com os médicos que cuidam dele. Entretanto, há o risco recorrente de as pessoas que tomam medicação há muito tempo e frequentam assiduamente as consultas deixarem de ter como referência suas próprias percepções e suporem que o correto é a opinião de qualquer um. Por outro lado, se pretendem buscar apoio para organizar sua **biografia humana** e abordar a verdade sobre sua realidade passada para compreender seu presente, não podem usar o critério do profissional, nem suas opiniões sobre cada coisa. Ao contrário, serão abundantes as perguntas para nos ajudar a nos conectar com as percepções íntimas e pessoais e encontrar ali, no fundo de seu coração, a verdade interior que estavam procurando.

Uma pessoa psicótica ou esquizofrênica pode deixar de sê-lo? Suponho que sejam pessoas que continuam sendo extremamente sensíveis e que vivem o sofrimento à flor da pele. O problema não é o diagnóstico — que deveria ser revisto. **O problema é a medicação.** Como vamos abordar um indivíduo em sua imensidão amorosa se ele está drogado? Como rever a totalidade do seu *cenário* e a violência exercida pela sua mãe se ele está sob os efeitos de psicoativos e com o cérebro bastante prejudicado depois de anos de ingestão? Por outro lado, com que autonomia essa pessoa poderia abordar a violência da sua mãe quando era criança se agora **continua a depender totalmente dessa mãe cruel que o idiotizou?** Como encontrar a si mesmo se a pessoa diagnosticada como desequilibrada mental é tratada como incapaz?

A maioria desses indivíduos — geralmente diagnosticados desde a adolescência, quando a **força vital** reaparece com toda a sua potência — está sob controle, ou seja, suficientemente **idiotizada** para que não possa reagir. Muitos deles têm suas vidas arruinadas. São tratados para sempre como crianças inúteis, incapazes de assumir uma vida independente, impossibilitados de estudar, trabalhar ou ter projetos individuais. Há famílias que os mantêm em casa como crianças eternas, como deficientes que não podem alcançar nenhum tipo de autonomia. Não saem sozinhos na rua — como as crianças. Têm medo de fazer qualquer atividade sem a companhia de adultos — como as crianças. Obedecem à mãe — como as crianças — e brigam por bobagens com a mãe — como as crianças. É muito triste. Alguns são internados em instituições psiquiátricas, nas quais passam uma vida com o mínimo de atividades e com medo de seus próprios registros. Muitos nunca chegam a ter uma vida independente, não têm vida sexual nem assumem qualquer área da vida com responsabilidade.

Se observarmos as famílias ao nosso redor e revermos a verdade sobre os nossos irmãos, primos, tios ou pessoas próximas de quem não sabíamos muito, exceto que "estavam doentes", saberemos olhar com novos olhos os estragos da violência e a maneira como socialmente decidimos deixar de fora do campo de batalha as pessoas mais sensíveis, que contribuíam com uma visão aterrorizante sobre a nossa própria crueldade.

A FUSÃO EMOCIONAL É COMO COMPARTILHAR UM TANQUE DE ÁGUA

As pessoas **loucas** simplesmente não toleram níveis desalmados de violência e tentam fazer os outros saberem, até serem caladas para sempre. São mantidas continuamente drogadas, já que conservam latente o registro do desamor, e esse desespero poderia estalar diante de qualquer descuido. Talvez por isso tenhamos medo dessas pessoas e prefiramos que estejam presas.

O que acontece com os diagnósticos menos graves?

De fato, surgem cada vez mais síndromes específicas, sobretudo entre as crianças. Há cada vez mais nomes que acrescentam distância à vivência interna das crianças pequenas. Toda a gama dos ADD (Attention Deficit Disorder), que quer dizer "transtornos do déficit de atenção", e a gama dos TGD (transtornos generalizados do desenvolvimento) podem nos ajudar a compreendê-los melhor, ou, pelo contrário, encapsular nosso interesse em ver além, nos refugiando em um suposto diagnóstico que evita que os pais se façam perguntas pessoais. Em todos os casos, em absolutamente todos os casos, se acontece alguma coisa com uma criança, é porque acontece. Simples assim. Como é uma criança, o que acontece com ela depende dos seus pais, especialmente da sua mãe. O pior que pode acontecer com uma criança é que sua mãe não a sinta. Quer dizer, que a mãe não sinta como sendo próprio aquilo que o seu filho sente. Se ela não o sente como sendo próprio, não pode percebê-lo nem compreendê-lo. Mais ainda: provavelmente nem sequer se interessará pelo que acontece com a criança, porque acha que é extravagante.

A **fusão emocional** é um tanque cheio de água. As mães e as crianças pertencem ao mesmo reservatório. Se a temperatura está a 40 graus e se ambas estão submersas, é impossível que não sintam calor. Estamos flutuando na mesma temperatura. Pois bem, se a mãe — assustada pela intensidade emocional que demanda o filho — sai do tanque, foge, se distancia e se perde em outras instâncias, mais favoráveis, quando a criança avisa que a água está muito quente, responderá de forma leviana que não, que isso não é verdade. Que não está quente. Até diz que está gelada. Afinal, não a está sentindo, portanto, pode argumentar o que tenha vontade.

Logo, à medida que a criança reclame mais e mais da temperatura da água e obtenha as mesmas respostas incrédulas da mãe, a criatura vai chorar, vai querer fugir, vai se comportar mal ou ter condutas bizarras para forçar a mãe a voltar e tocar na água. Entretanto, algo tão simples nunca vai acontecer. As mães não voltam. Não tocam na água. Continuam sustentando estoicamente que a água está fria. E a criança fica ainda mais desesperada. Claro que não presta atenção na escola. Por acaso é importante a geometria diante do desastre de estar se queimando e de sua mãe não se importar com isso? Tampouco está interessada em prestar atenção às explicações da professora. Por acaso as mães prestam atenção àquilo que eles dizem? A criança se comporta cada vez pior, portanto, vai ser enviada a uma psicopedagoga, que a encaminhará a um médico, que a encaminhará a um neurologista, e em breve a criança estará medicada. É assim mesmo? Não, é pior.

CRIANÇAS MEDICADAS, ADULTOS TRANQUILOS

A questão é que temos um exército de crianças medicadas. Basta perguntar sobre a porcentagem de crianças que tomam medicação para se acalmar em qualquer escola de qualquer camada social. A banalização da medicação é outro desastre ecológico. Uma vez que a criança está calma por causa da medicação, já não avisará quando a água estiver muito quente. No máximo, se machucará, e ponto. Ou aprenderá a viver com o calor extremo. Ou preferirá dormir para não sofrer. Ou reagirá "desmedidamente" quando por erro, em algum instante, a medicação não a tenha domado. Então teremos desculpas suficientes para mantê-la ainda mais drogada.

A maioria dos pedidos para as crianças se acalmarem vem das escolas. É lógico, já que se supõe que na escola as crianças têm de aprender o que os professores tentam ensinar.

Para que isso seja possível, requer-se a mínima concentração mental das crianças. O que acontece é que, se estão desesperadas, a mente não consegue se aquietar. Como é um círculo vicioso, ninguém pergunta o que acontece com essas crianças, mas precisa que estejam em silêncio e com a atenção fixa no que lhes ensinam. Os professores pedem soluções aos pais, os pais pedem soluções aos médicos, os médicos diagnosticam alguma síndrome dentre uma daquelas que têm à mão e, assim, o problema é resolvido. **Crianças medicadas, adultos tranquilos.** Ninguém questiona o que essa criança em particular necessita. As mães não precisam se perguntar o que aconteceu com elas quando foram crianças para compreender por que não podem sequer se aproximar do tanque de água quente no qual seu filho reclama.

O que acontecerá no futuro com essas crianças que tomam medicação precoce para se acalmar? É urgente sabermos disso, pois o aumento no consumo tem sido piramidal nos últimos anos. Entretanto, podemos prognosticar maior desconhecimento sobre nós mesmos, menor conexão com as realidades emocionais e menor treinamento para formular perguntas às pessoas diante das dificuldades cotidianas. Não sabemos como se multiplicarão os diagnósticos no futuro diante das novas manifestações, mas, em todo caso, o panorama não muda. Algumas vezes, teremos de levantar os véus e começar do começo da vida de cada um de nós, revendo o nível de violência e de maus-tratos por parte das nossas mães.

UM OLHAR DIFERENTE DIANTE DA BIPOLARIDADE

O que é a bipolaridade?

É um exemplo das **consequências da medicação psiquiátrica**. As pessoas supõem que a medicação compensa o excesso de tristeza ou o excesso de alegria. Entretanto, se quisermos compreender o alcance dos nossos sentimentos e se pudéssemos localizá-los no seio dos nossos *cenários*, cada sentimento teria um lugar para existir. Ninguém gosta de sofrer, mas uma dor bem-compreendida pode ser um guia interessante para o autoconhecimento. Por outro lado, a mesma dor anestesiada não nos leva a lugar algum. A medicação nos deixa alegres quando estamos tristes. Ela nos "sobe". A medicação também nos acalma quando estamos eufóricos. Ela nos "desce". Em seguida, de tanto subir e descer, perdemos a onda cíclica natural. Às vezes chegamos muito em cima; outras vezes, afundamos muito embaixo. Cada vez que dizemos que alguém *é* bipolar, constatamos que tem sido um indivíduo muito medicado durante muito tempo **Ninguém nasce bipolar.** É uma **consequência direta dos altos e baixos químicos** por não conseguir compreender em sua justa medida o leque dos nossos sentimentos.

UM OLHAR DIFERENTE SOBRE O AUTISMO

E o autismo das crianças? Também é produto do desamor materno?

Ainda não sei. Há diversos estudos e teorias. Precisamos de mais casuística. O problema para acessar uma **casuística confiável** é que precisaríamos de mães conscientes de si mesmas, capazes de **entrar em fusão** com seus filhos pequenos, com quem entram em **relação fusional** desde o dia em que são paridos. Acontece que não encontramos mães assim, porque todas vêm de histórias de desamparo e ignorância emocional. Se estabelecêssemos que as crianças autistas não se comunicam com ninguém por falta de vínculo fusional com suas mães, teríamos de nos perguntar por que não são autistas todas as pessoas deste mundo.

Entretanto, há evidências que podem dar uma pista: **as mães das crianças autistas chegam muito tarde às consultas pediátricas para tratar desse assunto.** Habitualmente, não são as próprias mães que detectam que algo não vai bem, mas sim os familiares, cuidadores ou, inclusive, o próprio pediatra, que começa a inferir que a criança não sustenta o olhar, não responde aos estímulos externos nem tenta se comunicar com a mãe.

Por acaso é genético? Ainda não sabemos. **Não há casuística** suficiente para afirmar que poderiam existir crianças **nascidas com autismo**, filhos de mães conscientes de si mesmas com um trabalho interior já realizado, capacitadas e dispostas a **entrar em fusão** com uma criança pequena, **que no momento de parir e pegando a criança** no colo percebessem que a criança não procurou o olhar materno. Nesses casos, passariam o primeiro mês tentando se conectar com o bebê enquanto lhe dessem o peito, e **reconheceríamos** que a criança **não estava disposta a sair de seu mundo**. Se a mães realizam as primeiras consultas perto do primeiro ano da criança, como afirmar que a criança nasceu desconectada? Como entrar em conexão com a criança se estamos desconectadas de nós mesmas? Como saber **em que momento** a criança decidiu não fazer mais contato, não olhar para nós nem nos encontrar depois de termos tentado?

Meu maior desconcerto é reconhecer que — apesar da desconexão e da violência das nossas mães — não somos muitos mais indivíduos autistas ou desequilibrados. É um verdadeiro milagre.

De qualquer maneira — no afã de ter uma visão cada vez mais ampla e com a pouca casuística que possuo neste assunto —, atrevo-me a dizer que, nos cenários transgeracionais de desamor, distância afetiva e maus-tratos das mães em direção aos seus filhos, algumas vezes nascem crianças já muito machucadas pelas gerações que as precederam. E nascem **com uma sensibilidade extrema**, a ponto de **não aguentarem** a mínima distância de sua mãe. Essas são as crianças com autismo. Pois bem. O que teria acontecido se essas crianças **extremamente sensíveis ao desamor**, machucadas por gerações, muito necessitadas de uma **conexão sutil** e em estado de alerta **no fio do autismo** tivessem nascido de uma mãe consciente, totalmente entregue e amorosa, disposta a dar a sua vida pela conexão com as necessidades especialmente sutis dessa criança? Essa criança teria desenvolvido o autismo? São os casos que não podemos estudar, porque não temos essas mães entre nós. Portanto, ainda não podemos saber se o autismo entra na gama dos desequilíbrios mentais **adquiridos** ou não.

QUANDO UMA REALIDADE PARALELA NOS SALVA DA VIOLÊNCIA E DA CRUELDADE

O leque de desequilíbrios mentais é amplo e bastante comum. Muitos de nós os sofremos na pele ou temos relações com pessoas que sofrem com transtornos em algumas de suas versões. A princípio, **chamar uma pessoa de louca** funciona quando pretendemos **dominar alguém que é mais fraco**. Quem é acusado de ser desequilibrado se encontra sem recursos para viver em sintonia com suas percepções, porque as interpretações psicológicas conquistaram o terreno do sofrimento humano.

É interessante notar que a suposta **loucura da mulher** tem sido muito utilizada ao longo da história para dominar, conquistar pela força ou ganhar batalhas. As mulheres são acusadas levianamente de loucas quando denunciam algo fora dos padrões estabelecidos. São acusadas de ser exageradamente temperamentais, de não medir as palavras ou de agir movidas pela emoção e não pela razão. O patriarcado em seu conjunto tem sido especialmente cruel com as mulheres, e a loucura tem sido uma desculpa válida para deixar as mulheres fora dos terrenos de intercâmbio, considerando-as pouco preparadas, sem equilíbrio ou ignorantes em assuntos relativos aos âmbitos do poder e do controle.

Ainda na atualidade, no seio das audiências controvertidas de divórcio, é comum que os homens com maior poder econômico chamem de loucas as suas ex-mulheres para ganhar batalhas judiciais ou para colocar em descrédito suas palavras ou provas. Todos temos medo da loucura. Sentimos que, se a loucura entra em jogo, estaremos em uma área sem proteção.

De qualquer maneira — inclusive sendo acusadas de loucas —, somos adultas. Portanto, sempre poderemos utilizar recursos para acessar uma maior compreensão de nós mesmas, reconhecer nossos desequilíbrios, se é que temos algum, ou decidir sobre o que estamos dispostas a fazer com nossas fúrias, tristezas ou raivas. Por outro lado, as crianças são crianças. Dependem dos mais velhos e não contam com autonomia nem recursos próprios para ser responsáveis pela sua própria realidade. Portanto, se uma criança nos incomoda, não responde às nossas expectativas, questiona e nos obriga a nos desviar das nossas crenças ou valores rígidos, sempre poderemos sofrer algum tipo de transtorno. É muito fácil decidir que a criança está com problemas e precisa de medicação para se manter domada.

Nada disso é exagero. Se revirmos a assustadora porcentagem de crianças medicadas, chegaremos à conclusão de que alguma coisa vai muito mal. Isso é fácil de comprovar no seio das escolas. São as próprias professoras que — não conseguindo controlar as crianças — pedem ajuda às psicopedagogas, que em seguida recomendam às mães que consultem médicos e neurologistas, que de maneira extraordinariamente leviana medicam as crianças para que se acalmem. E ficam todos felizes, porque as crianças estão calmas, quer dizer, anestesiadas. Muitas crianças ativas, entusiastas por temas que não são ensinados na escola e entediadas por ouvir aulas com as quais não têm nenhuma relação nem encontram sentido para suas vidas no aqui e agora, se mexem, se distraem, riem, brincam e se divertem. O problema não é a indisciplina das crianças, mas sim a estupidez com a qual abordam temas intranscendentes e desinteressantes. Entretanto, os adultos não estão dispostos a mover um milímetro sequer de seus valores obsoletos. Acreditam que existe um objetivo primordial, que é a criança ficar quieta. Isso é fácil de conseguir se a drogarmos.

Existem crianças que são simplesmente ativas e curiosas, e que, logicamente, detestam a escola, que as mantêm prisioneiras em suas carteiras. Outras crianças vêm de estruturas familiares tão desastrosas, são tão órfãos de cuidado e amor, sentem-se tão sozinhas em seu universo infantil e tão incompreendidas que desatam suas fúrias no seio da escola — tanto como em casa, só que na escola fica mais evidente —, e, mais uma vez, a única coisa que pensamos em fazer para resolver o problema é aquietar a criança. A ingestão de medicação precoce terá consequências nefastas: a mais depredatória, a meu ver, é que a criança vai anestesiar todo indício de conexão consigo mesma. Nem mesmo quando for adulto será capaz de recordar a solidão, a distância entre seu próprio universo e o dos adultos, o medo e a desilusão. Todas essas vivências reais serão desprezadas. Por outro lado, ela criará uma dependência perene com relação à medicação e a crença de que sofre de uma doença crônica — com o nome que for —, supondo que não poderá prescindir dos remédios nunca mais. Essas situações tão banais demonstram o despropósito, a ignorância e o abuso de poder com os quais os adultos se dirigem às crianças. Tudo isso para mantê-las longe, quietas, imóveis e sem tocar nenhuma fibra pessoal que remova nossas próprias feridas infantis, que ainda sangram.

A única coisa que temos de rever quando nossas crianças são diagnosticadas sob o nome de qualquer desordem de comportamento é que os adultos são **responsáveis por perpetuar o desamor**, os maus-tratos, as interpretações equivocadas e cômodas para não sermos obrigados a penetrar em nossas duras realidades emocionais. Preferimos fechar todas as comportas disponíveis e garantir as fechaduras a sete chaves, que logo serão jogadas ao mar.

O que podemos fazer? Rebobinar. Rever quão fechado está o nosso campo emocional. Abordar a dor das nossas infâncias. Entrar em contato com essa dor e até mesmo **sentir** o ardor das nossas feridas. Somente depois disso poderemos sentir o grito angustiante dos nossos filhos, a extrema sensibilidade e a necessidade de sermos amparados porque estamos enlouquecendo de dor.

A loucura não existe. É apenas uma ascensão a uma realidade paralela para nos salvar de tanta violência e maldade. Por isso, o problema não é as pessoas voltarem à lucidez, e sim que cesse a crueldade.

Filhos da loucura

Já vimos que muita gente convive com diagnósticos e desequilíbrios mais ou menos banais. O importante não é o sofrimento em si, mas a interpretação geralmente errada que fazemos desses sofrimentos. Levemos em consideração que nenhuma dor começa no momento em que a registramos, e sim muito antes disso, provavelmente, no começo da nossa vida. Por acaso aquilo que aconteceu conosco há muito tempo tem a ver com o que acontece agora?

Sim. De acordo com o pensamento linear, é difícil apreender o nível de enraizamento e o *continuum* lógico que liga um acontecimento a outro. Conservamos a mesma dificuldade para compreender os vínculos estreitos entre uns e outros. Poderíamos dizer que somos um baralho: quando colocamos o foco em uma carta e ela passa ao primeiro plano, essa carta, de todo jeito, pertence à totalidade do baralho, caso contrário, não seria a mesma. Do mesmo modo, a dor de um instante presente simplesmente atualiza uma série de dores antigas que se encaixam no que nos ocupa hoje em dia.

A questão é que muitos indivíduos atravessam a vida com seus desequilíbrios, sua medicação ou sua distância em relação ao próprio ser essencial. Alguns mais doentes que outros, alguns mais cegos, outros mais furiosos, outros mais infantis, outros mais raivosos. Lembremos que o suposto desequilíbrio mental tem a ver com **a distância entre o que acontece dentro de nós e o que foi nomeado fora**. Responde a uma deturpação da realidade. Uma interpretação errônea. Um abismo repleto de equívocos e de suposições que desarticulam as evidências e que logo criam obstáculos para nosso entendimento.

É provável que quase todos nos vejamos refletidos nessa descrição. Entretanto, qual é o limite entre alguém mais ou menos lúcido e alguém mais ou menos louco? É difícil responder. Em princípio, diremos que há um ponto no qual a distância entre o que acontece e o que percebemos que acontece é grande. Mesmo assim — distanciadas entre o dentro e o fora — as pessoas tentam levar vidas normais. Estudam. Trabalham. Têm relações amorosas. Às vezes, têm filhos.

Então, em primeiro lugar, tentaremos abordar a vivência de quando fomos crianças e estávamos submetidos aos excessos e estranhezas das nossas mães, inclusive quando nesses momentos ninguém as havia diagnosticado. Ter contado ou não com um diagnóstico referente a algum desequilíbrio materno não mudou nossa realidade infantil. Porque a distância entre o que acontece e a percepção da nossa mãe pode ser enorme, e isso é tudo o que nos interessa saber.

QUANDO A MAMÃE FOI IMPREVISÍVEL

Quando somos crianças, dependemos dos cuidados da nossa mãe e da capacidade maternal que ela tem. Em seguida, organizamos nossa estrutura psíquica **de acordo com aquilo que ela nomeia**. Já vimos que nenhuma mãe nomeia algo conectado com as vivências internas. Entretanto, uma mãe mais ou menos coerente nomeia quase sempre as mesmas coisas, ainda que correspondam a um discurso enganoso (suas crenças): que nosso irmão é terrível — e que sempre vai ser terrível, não importa o que fizer — e que nós, por sorte, não lhe damos tanto trabalho, pois somos responsáveis. O que quer que façamos, ela sempre vai detectar nosso nível de seriedade e compromisso. Não haverá surpresas. A mãe sempre vai contar que sua sogra era uma bruxa. Não importa o que a avó paterna fizer, vai ser considerada detestável. Sempre, sem exceções. Enfim, a mamãe sempre tem um sistema moral organizado, certos valores, certas preferências e alguns desejos. As crianças sabem o que a deixa feliz e o que a deixa nervosa. A mamãe pode ser violenta, pode ficar brava ou dar surras nas crianças, pode ameaçá-las com os tapas que o papai lhes dará quando chegar, mas as crianças inventam recursos, astúcias e estratégias para tentar se salvar de vez em quando, porque sabem em que se prender. Por exemplo, se a criança é a mais responsável, assumiu essa postura para se salvar dos castigos que o irmão recebeu. Até aí não há grandes mudanças entre uma infância e outra.

Entretanto, em alguns casos, a mãe é **imprevisível. É impossível saber de antemão o que vai acontecer.** Nesses casos, as crianças precisam estar o tempo todo **alertas,** porque não interessa seu bom comportamento: o castigo pode ser feroz, façam o que fizerem. Outras vezes, não se comportam bem, entretanto, a mãe leva doce de leite para a cama e brinca com elas, parecendo ser criança também. A mamãe pode ser a pessoa mais amorosa do planeta, pode amar incondicionalmente os filhos, gritar aos quatro ventos que eles são seus príncipes, se mostrar orgulhosa dos filhos diante dos vizinhos e, pouco tempo depois, sem que tenha acontecido nada específico, pode mostrar uma fúria incontrolável, assustar as crianças com histórias de seres abomináveis e não as deixar sair de casa durante vários dias.

A mamãe é exuberante e passional. Explode de amor e estala de raiva. Qualquer acontecimento banal pode detonar emoções sem limites. A mamãe vive cada detalhe com veemência. De fato, faz escândalos por causa de detalhes, assim como desacredita os sofrimentos ou dificuldades infantis. A mamãe tem opiniões extremistas para todos os assuntos, não conhece o pudor da linguagem e expressa sem papas na língua qualquer coisa que lhe passe pela cabeça. Chama as crianças de putas, delinquentes, ladrões, diz que são filhos do diabo e que vieram ao mundo para fazer o mal. Acusa os filhos de terem roubado sua beleza e juventude. Garante que por culpa deles não pôde ser atriz nem alcançar o sucesso.

A mamãe é muito mais bonita que as mães das outras crianças da escola. Entretanto, os filhos sentem vergonha quando ela vai buscá-los exageradamente maquiada. A mamãe fala de sexo como se os filhos entendessem do assunto. Se apaixona por um homem e logo passa a detestá-lo. A mamãe chora copiosamente, dorme dias inteiros e acorda transportada a outro mundo, no qual toca a cabeça dos filhos como se fosse um fantasma. A mamãe fuma muito, mas reprova os filhos se encontra um cigarro entre seus objetos pessoais. Os filhos amam a mamãe, mas têm medo dela. Acusa os filhos de sonambulismo e diz que fazem isso de propósito, de modo que acabam com medo de si mesmos. A mamãe deixa os filhos sem comer e os tranca em casa durante dias, mas de vez em quando gasta uma fortuna em comida, e todos comem feito reis. A mamãe sofre, e os filhos querem satisfazê-la, mas eles são crianças e não sabem como aliviar seu sofrimento. Isso é tudo o que os filhos pedem a Deus: que a mamãe seja feliz.

O que está acontecendo com a mamãe?

MÃES IMPREVISÍVEIS, FILHOS DESORIENTADOS

Quando somos crianças, não podemos saber. As únicas referências durante a infância estão organizadas com base na vivência da nossa mãe e a **interpretação** que ela faz do mundo que nos cerca. Acontecem coisas intensas com nossa mãe, e ela as compartilha passionalmente conosco. Nossa mãe, às vezes, é estupenda, divertida e histriônica. "Se veste" de criança, brinca conosco, compartilha suas fantasias e até mesmo, de vez em quando, nos fala sobre os pedidos sexuais do nosso pai como se fôssemos seus conselheiros. As crianças a admiram. Mas, de repente... nossa mãe se transforma em um monstro descontrolado que cospe fogo, nos odeia e nos culpa por todos os males. As crianças ficam **desorientadas**. Não contam com nenhuma referência externa, porque o **mundo das crianças é o mundo da mamãe**. Por outro lado — nas poucas ocasiões nas quais nos relacionamos com vizinhos ou com as famílias dos nossos colegas da escola —, nossa mãe é encantadora, e os enfeitiça. Como contar para alguém que em alguns momentos nossa mãe nos faz mal, nos ameaça e nos machuca? Como se pronunciam essas palavras? Não sabemos, porque **o pensamento se constrói a partir das palavras nomeadas pela nossa mãe**. Se a nossa mãe não mantém uma lógica, se às vezes é extraordinária e, outras, é um terror, como organizar a psique? Se nossa mãe, eventualmente, nos nomeia com amor e outras com ódio, quem somos nós? Se não encontramos um fio lógico para compreender nossa mãe, se o que acontece com ela não tem relação com o que acontece no mundo externo, como prevenir? Como se preparar? Como compreender? As crianças fazem grandes esforços para se fixarem em portos seguros, mas a mãe não sustenta nenhum deles. As crianças crescem pisando em areia movediça. Qualquer fato concreto ou sentimento pode assumir uma forma e ter exatamente a forma contrária ao mesmo tempo.

A DESCONEXÃO COM O NOSSO REGISTRO INTERNO

Existe uma coisa que não podemos compreender porque nossa mãe tampouco sabe: ela provém de uma infância mais cruel do que pode lembrar. É tão sensível que enlouqueceu para não morrer.

Modificou cada acontecimento difícil em uma fantasia diferente com a esperança de minimizar seu sofrimento. Agora, nenhum fato externo encaixa com nenhuma vivência interna.

O que fazem as crianças para tolerar esse nível de **caos** e de **imprevisibilidade**? Desconectam seu registro interno, porque entram em **colapso emocional**. O que é registro interno? É uma chama misteriosa ligada à percepção inata, à intuição e à conexão entre o eu autêntico e a realidade externa. É o que permite conservar algum **critério pessoal** diante de qualquer realidade. É o **bom senso** consigo mesmo. É a **voz interior** que habilita o nosso interior. É o guardião do nosso equilíbrio e da nossa sobrevivência.

Todas as crianças nascem com alguns recursos inatos para conseguir sobreviver. No plano físico contam, por um lado, com o choro para chamar a mãe e avisar que precisam dela e, por outro lado, com o reflexo de sucção para se alimentar.

Esses recursos são comuns a todas as espécies de mamíferos. No plano emocional, as criaturas humanas contam com um **registro interno** que as equilibra e lhes aponta que tipos de experiência são confortáveis e ajudam em seu desenvolvimento psicofísico, e quais são as prejudiciais. Em princípio, tudo o que provém da nossa mãe deveria estar na área do nutritivo.

O fato de ser justamente **do âmbito do nutritivo que provêm o caos e a imprevisibilidade é péssimo para a psique** de uma criança, porque nada coincide com nada. Não encaixa. Não tem razão de ser. Então, nossa opção é desligar os vestígios do registro interno. Não serve para nós porque não coincide com o que acontece com nossa mãe. O registro interno enlouquece quando não encontra lógica entre a vivência interna e o que nossa mãe diz e não faz. Portanto, decidimos negar essa voz interior até esquecê-la para sempre.

Observemos esse fenômeno ampliando o zoom e olhando minimamente para três gerações em ordem descendente: **uma mãe cruel** cria seus filhos em um âmbito de violência. Nasce uma **filha sensível** que não tolera esse nível de violência e reage. Sendo uma menina, faz birra, logo se defende da violência com mais força e acaba por se **desconectar** da realidade, porque a dor é muito grande. Um dia se torna mãe, já que — aparentemente — pode ter uma vida normal, ainda que emocionalmente desconectada e perdida. Essa desconexão a leva a não ter consciência de suas reações espontâneas, que sente tomarem conta dela. Nasce um filho (neto da primeira). Como essa mãe se desligou de seus sentimentos para não sentir dor quando era criança, o filho **não encontra firmeza emocional**. Nada tem a ver com nada. Se a criança não encontra um lugar concreto, sólido, coerente e fixo em seu campo emocional, porque o território da mãe está **desorganizado**, e se a mãe é imprevisível em suas ações e reações, fica **desorientada**. Não pode organizar seu entendimento. Seu **registro interno** não encontra coerência, continuidade e ordem. Então, não há solução a não ser deixar de prestar atenção a esse registro, a essa percepção interior. Pois bem. Se ficamos sem a nossa **bússola interna**, sem esse chamado coerente que nos indica o que faz bem para nós e o que nos faz mal, nos oferece segurança ou, pelo contrário, indica que devemos estar alertas, ficamos **vulneráveis**. Por quê? Porque não há referência interna que indique o caminho a seguir. Deixamos de prestar atenção a esse único sinal, tão sutil, interior, pessoal que é nossa principal ferramenta para sobreviver e **nos organizar psiquicamente**.

O que acontece, então, com os filhos que foram criados por mães desequilibradas, desconectadas do seu ser, reativas, imprevisíveis, diagnosticadas ou não? Também ficam loucos?

REFÚGIOS POSSÍVEIS PARA FILHOS DE MÃES DESEQUILIBRADAS

A princípio, não. Podem se transformar em pessoas "normais", mas **sem critério próprio**. É muito grave não ter critério próprio? Depende. O maior problema é que nos deixamos levar pelas opiniões de qualquer pessoa, mudando com o vento. **Sem critério pessoal, qualquer argumento dito por qualquer pessoa com um mínimo de ênfase se transforma em uma verdade revelada.** Logo aparece outro indivíduo dizendo exatamente o contrário, e nós também o tomamos como uma grande verdade indispensável. Em nenhum dos casos nós checamos se essa opinião, ideia, preceito ou o que for **se encaixa em nosso ser interior**, porque não temos a possibilidade de fazer se encaixar nada desde tempos remotos! Esse é o perigo da vulnerabilidade. Qualquer pessoa pode se apoderar das nossas ideias, conceitos, interpretações, porque não podemos checá-las nem compará-las com nada interno. Somos tão instáveis quanto uma folha ao vento.

Convido os meus leitores a refletir sobre essa dinâmica tanto nos formatos da nossa vida individual como nos formatos coletivos, para compreender quão manipuláveis são os movimentos de massa, que tipo de encantamento produzem os exércitos que permitem acatar ideias estreitas e seguras e quanta falta de critério e bom senso existe em todas as áreas da vida cotidiana.

Pois bem. Os filhos de mães desequilibradas buscam outros refúgios que não estejam ancorados em territórios emocionais, justamente porque esse âmbito é muito confuso. Com frequência, encontram refúgio na mente. Por isso, podem ser pessoas "brilhantes" no plano intelectual, matemáticos extraordinários, empreendedores de sucesso, bons organizadores comerciais, podem fazer negócios incríveis na medida em que esses "cálculos" estejam apartados dos planos afetivos. Ninguém vai suspeitar jamais — nem sequer nós mesmos — de que nosso território emocional está em pedaços, de que as confusões emocionais e a falta de critério no âmbito afetivo são recorrentes. Por outro lado, supomos que, para fazer negócios, casar ou ter uma vida medianamente bem-sucedida, não precisamos estar em harmonia emocional. A menos que tenhamos alguma experiência que nos obrigue a ter intimidade emocional. Por exemplo, que tenhamos filhos. Se nascerem filhos — e somos mulheres — e não contarmos com o critério pessoal, pediremos muitos conselhos e colocaremos em prática um leque de propostas contraditórias, sem passá-las **pelo aval da nossa intuição, bom senso ou percepção interna**. Um desastre.

Como perceber se nos falta critério pessoal, algo tão comum entre os indivíduos de nossa **civilização machucada**? Quando é mais grave que os outros casos? A violência é tão natural que **as crianças são os seres mais expostos à violência das suas mães**. Aprendemos, desde crianças, a nos desconectar das nossas percepções para não sofrermos. Portanto, ficamos sem referências emocionais internas. Ficamos **sem bússola**. Essa modalidade se repete em quase todas as famílias. Logo, formamos um coletivo de indivíduos que ficam fascinados quando alguém — seja quem for — fala com ênfase ou com segurança e nos mantém submissos.

SEM CRITÉRIO PESSOAL, ESTAMOS PERDIDOS

De fato, todos os políticos entendem a vulnerabilidade da maioria dos indivíduos provenientes de famílias violentas, obrigados a **abandonar seus indícios internos** com relação ao que é positivo ou negativo para cada um. Os publicitários e especialistas em mercado compreendem perfeitamente essa fraqueza coletiva e apontam em direção a isso: podem impor quaisquer ideias e conseguir que compremos qualquer produto nocivo nos fazendo acreditar que é saudável. Podem impor líderes, governantes ou presidentes e nos levar a acreditar plenamente nesses ideais, a pensar e projetar a mesma coisa e — apoiando-os — a pertencer a um território seguro e confiável.

Afinal, não contamos com critério próprio, portanto vamos nos adaptar a qualquer projeto, discurso ou sentimento que nos dê um esboço de identidade. Pode ser este ou outro, exatamente contrário. É igual porque nos adaptaremos a qualquer um que nos ofereça uma base imóvel e um sentido de pertencimento.

As correntes políticas — sobretudo as mais corruptas —, lamentavelmente, adquirem força graças à **falta de critério pessoal** de cada um dos membros de uma comunidade. Por isso podemos nos alienar atrás de qualquer bandeira, seja política, social, esportiva ou como fãs de uma banda musical. É tão grande nosso nível de fragilidade emocional quando alguém se impõe com certeza, firmeza e sem brechas... Isso é tudo de que precisamos para nos sentirmos bem, porque pisamos em um lugar seguro pela primeira vez. Algo que não aconteceu quando éramos crianças e estávamos submissos à instabilidade da nossa mãe.

A **falta de critério pessoal** é uma consequência desastrosa individual e coletiva, porque ficamos **sem uma única referência confiável**. A história da humanidade está cheia de episódios lamentáveis que não conseguimos compreender, mas que têm explicação em cada história pessoal ancorada em um *continuum* de violência vivida por filhos de mães violentas, desequilibradas e desconectadas. Como formamos um somatório de indivíduos **sem ancoragem em um território emocional coerente**, nos deixamos levar por qualquer discurso enfático. Essa suposta segurança — que não é tão grande, mas sem a conexão com o bom senso interno nós não sabemos disso — nos garante uma falsa tranquilidade e aparente proteção. Observemos que baseamos nossa segurança emocional em crenças, o que significa que são todos equívocos da alma infantil em busca de abrigo.

O fato de existirem governantes inescrupulosos, assassinos, ladrões, corruptos, violentos, ignorantes, desequilibrados ou mentirosos não os impede de serem eleitos por milhões de pessoas aparentemente inteligentes e honestas. O que fizeram esses falsos líderes para que acreditássemos neles? Eles nos disseram algo **com veemência e ênfase**. Garantiram isso mais de mil vezes. Repetiram as mesmas frases diversas vezes. Não há nada que dê mais alívio a uma alma infantil perdida e desconectada do que a garantia de algo dito com absoluta certeza e repetido sem modificação. Pronto, o voto é seu.

No plano pessoal acontece a mesma coisa. Frequentemente **delegamos o suposto saber** a dois ou três indivíduos, que, com as mesmas características enfáticas, garantem que as coisas são como eles dizem. As mães de crianças pequenas que experimentaram infâncias com mães desequilibradas — saibamos disso ou não — perguntam tudo ao pediatra. Quando o pediatra lhes dá um conselho, não o passam **pelo próprio crivo pessoal**. Esse é o único perigo. Todos podem dar opiniões, mas cada indivíduo deveria contar prioritariamente com seu próprio critério. Caso contrário, onde está à nossa base? As mães sem conexão consigo mesmas mudam seus sistemas de crenças o mesmo número de vezes que mudam de médico, professor, terapeuta ou sacerdote. Não são capazes de discernir entre o que é bom e o que é ruim para si mesmas e para seus filhos. Notemos que podem ser brilhantes no plano mental, podem ser profissionais de sucesso, ter uma personalidade arrasadora, ser expressivas, alegres, queridas pelas pessoas próximas e ter boas intenções para com seus filhos. Mas se não revisarem sua **biografia humana**, não levarão em consideração a incoerência histórica de suas mães e a crueldade de suas avós — de quem efetivamente ouviram histórias cruéis —, e não abordarão as consequências pantanosas e frágeis do seu universo emocional. A vulnerabilidade fará estragos nelas e em sua posteridade.

Parece exagerado, mas as consequências da violência sobre as crianças de uma geração sobre as da geração seguinte derramam um nível de vulnerabilidade e uma fraqueza que nos deixam desamparados. Entretanto, é pouco o que podemos fazer coletivamente se não começamos a rever nossa realidade emocional familiar e a organização da nossa psique desde a infância.

Como compreender a transmissão da loucura de uma geração a outra? Como discernir se estamos mais loucos do que achamos que estamos? Como saber se contamos com algum critério pessoal ou se vivemos enganados? É possível recuperar o bom senso?

EM BUSCA DO BOM SENSO

Um caminho árduo e corajoso nos espera. A **biografia humana** de cada indivíduo está ancorada na história familiar ascendente. Somente como testemunhas da violência sob diferentes formas que nossos avós desdobraram — para não ir muito longe na árvore genealógica — podemos compreender a realidade da infância da nossa mãe e do nosso pai e iluminar esse casamento a partir da ignorância e das necessidades afetivas. Podemos rever os recursos com os quais contou nossa mãe para se salvar da violência recebida e se se desconectou emocionalmente, farta de sofrer. Logo poderemos repassar nas nossas lembranças se nossa mãe simplesmente se refugiou em suas fantasias, em seu sistema moral ou em sua rigidez, ou se o sofrimento foi enlouquecedor para ela, que não teve a capacidade de viver uma vida conectada. Despois teremos de olhar com honestidade se as cenas nas quais fomos submissos quando crianças eram coerentes ou não. Às vezes, ao olhar para o lado, podem nos dar maiores informações. Um tio esquizofrênico confirma o nível de crueldade da avó materna. Vários acidentes em uma família, o costume de lidar com segredos e mentiras ou a banalidade de deturpar os acontecimentos familiares são dados que ajudam a encontrar um fio lógico e a rever quem se desconectou primeiro e quem somos, produto da falta de coerência familiar. Quando perdemos o critério pessoal durante a infância porque não era tolerável sustentar nenhuma lógica proveniente do universo da nossa mãe, não é fácil encontrá-lo na idade adulta. Onde se encontra? Em que lugar da alma? Uma maneira possível — sem garantias — é colocar em ordem cada episódio, cada lembrança, cada sensação, cada frase trazida por alguém que não pertencia ao núcleo familiar e que se encaixa de alguma forma, cada doença manifestada, cada canção que traz uma lembrança, cada sonho que nos foi revelado. A **biografia humana** tenta **organizar com sentido lógico**, e em um encaixe fino, todas as vivências de um indivíduo, desde a experiência da alma infantil, isto é, voltando a esse lugar original, natural, não manipulado nem interpretado, até descobrir se coincide, no plano emocional, e sem ajuda, se outras peças se encaixam, atraídas com um ímã.

Enquanto não contamos com nosso **próprio critério pessoal**, a vida é perigosa. Não há maneira de nos defendermos dos predadores se não somos capazes de registrá-los. Às vezes, a falta de critério interior nos deixa fechados em diversos refúgios, que costumam ser como *bunkers*. Eles têm em comum a grossura das paredes — sejam concretas ou fictícias —, que garantem que deixemos do lado de fora o perigo latente. Falarei mais sobre esse tema no próximo capítulo.

Uma boa notícia é que, às vezes, as mulheres **sem registro interno** contam com uma nova oportunidade se têm a sorte de serem mães. Como? Confiando plena e absolutamente nas necessidades, demandas e manifestações da criança, que chega ao mundo livre de desequilíbrios e mandados. O bebê nasce limpo. Nasce original, conforme o desenho da espécie humana. Nasce puro. As mulheres que estão fora do seu equilíbrio têm aí uma oportunidade única. Só precisam saber que não são confiáveis em relação a si mesmas, porque são consequência do desequilíbrio das suas mães, que foram vítimas da crueldade das avós, que, por sua vez, foram vítimas de horrores ainda mais horrorosos por parte das bisavós. Entretanto, nasce uma criança que pode ficar afastada desses encadeamentos loucos. Se pudéssemos **tomar a decisão de obedecer à criança**, beber da sua sabedora inata e **contar apenas com o seu critério**, poderíamos consertar anos de violência desumana.

Como faríamos? Atendendo milimetricamente aquilo de que a criança precisa. Não há perigo, porque **ninguém pede algo que não precisa**. A criança não vai pedir nada que não surja do fundo do seu ser. Simplesmente vamos ter de nos colocar nas suas mãos e responder, aprendendo e **confiando no seu bom senso**.

Como podem os homens adultos recuperar o critério pessoal quando foram criados por uma mãe desequilibrada? O ideal é que — na atualidade — apoiem suas mulheres para que elas confiem nos seus filhos pequenos. Essas crianças serão seus guias.

Refúgios, guaridas e esconderijos

Se nós viemos do caos, do descontrole e da imprevisibilidade **materna**, temos duas opções: a primeira — lamentavelmente — é **perpetuarmos nosso desequilíbrio**. Isso quer dizer que nossa psique se desorganizou tanto quanto a da nossa mãe e que não encontramos lógica, ordem, estrutura nem firmeza. Até o dia de hoje, não conseguimos resultados com o sistema da **biografia humana**. Porque essa maneira de trabalhar **convida à organização**. Tentamos uma arrumação das peças do quebra-cabeça. Mas há indivíduos com quem — até hoje não sei quais opções encontraremos no futuro — não conseguimos estabelecer um mínimo de organização mental. Vou descrever exemplos nos capítulos seguintes.

A outra opção é que os filhos de mães desequilibradas busquem um **âmbito seguro** no qual possam se resguardar. Costumo chamar esses refúgios sólidos de *bunkers,* em alusão aos porões construídos debaixo da terra com portas de acesso destinadas a poucas pessoas e mantimentos para sobreviver durante um longo período de guerras, explosões de bombas e armas mortíferas. O *bunker* tem paredes grossas, e dentro deles os indivíduos podem se proteger e se sentir seguros.

Os estilos diferentes de *bunkers* vão sendo *edificados* em nosso interior desde que somos crianças. Com o tempo, transformam-se em refúgios automáticos que nós usaremos sem perceber, até mesmo durante a vida adulta, já que continuamos acreditando que são indispensáveis para nossa sobrevivência. É verdade que, quando éramos crianças, esses esconderijos foram imprevisíveis. Mas o processo da **biografia humana** deixa em aberto que, ao nos tornamos adultos, os *bunkers* já não são mais asilos protetores, mas podem se transformar em nossas prisões. Nem sempre se trata de lugares físicos, mas com frequência sustentamos **ideias defendidas com total intransigência**. Outras vezes são conceitos, valores morais ou posições a favor ou contra algo, com um nível de rigidez tamanho que nos mantenha fiéis a uma linha discursiva dura. Dessa maneira, rejeitamos veementemente qualquer sentimento diferente, proposta ou necessidade dos demais, já que as vivemos como se fossem perigosas pelo simples fato de não coincidirem com as nossas.

Em vez de julgar as pessoas intransigentes ou intolerantes em relação às diferenças, vale a pena **registrar o medo**. Sim, é um medo gigantesco. No nosso interior ainda vibram as experiências gravadas a ferro e fogo como consequência da **imprevisibilidade das nossas mães**. A maneira que encontramos de **sobreviver ao caos** tem consistido em estreitar ao máximo as ideias e os valores até encontrar um caminho controlado, dentro de um eixo específico e com limites muito precisos. É compreensível que mais tarde qualquer alteração nas ideias, no que consideramos bom ou correto e nas rotinas cotidianas pareça ameaçadora. Encontraremos tranquilidade somente no que estiver sob controle

A ORIGEM DO MEDO

Quero reforçar que a intransigência e a intolerância são atitudes muito comuns em nossa civilização. Minha intenção é demonstrar qual é o sentido e a lógica que as sustenta. **Os seres humanos não nascem rígidos, mas, sim, flexíveis.** Não nascem com medo nem paranoicos, mas, sim, adquirem esses mecanismos por falta de cuidado e proteção, que foram muito difíceis de aguentar com seus escassos recursos na infância.

Querer prender as ideias e mantê-las prisioneiras é um grande mal-entendido. Porque as ideias são do vento. As ideias são maleáveis, pois não estão em nenhum lugar. As ideias são criadas por nós, que as organizamos e as modificamos só de pensar nelas. As ideias são livres e móveis por definição, já que pertencem ao âmbito da mente. Entretanto, os indivíduos que cresceram em um ambiente **sem regras claras em termos emocionais** — já que esse era o âmbito que deveria ser imóvel: um território de amor incomensurável — se amparam sob qualquer ideia que seja tão imóvel quanto gostariam. É interessante perceber que fixar uma ideia é tão impossível como querer que o clima não mude. Entretanto, isso é o que fazemos. Pensamos em alguma coisa e a deixamos fechada em um bloco ideológico restrito, inalterável, duradouro e quieto. Que tipo de ideia? Qualquer uma. Uma maneira eficaz é organizar um conjunto de conceitos entre bem e mal, de modo categórico e sem movimento.

É evidente que, quanto mais obstinados formos, mais temor teremos em relação a qualquer situação que se distancie das nossas ideias estabelecidas. Pensemos em nossos próprios pais rígidos, que não toleraram que durante nossa adolescência tivéssemos encontrado formatos, vocações ou parceiros fora dos seus ideais: a baixa emocional para os nossos pais em alguns casos tem sido devastadora. Não estou julgando quem tinha razão, mas tentando contemplar os motivos inconscientes — baseados na vivência caótica de suas respectivas infâncias — de terem tanto medo do diferente em qualquer área. Um namorado de outra cultura que a filha apresente, uma escolha de carreira pouco convencional ou a decisão de deixar de comer carne parece bobagem, mas pode representar — para um indivíduo que precisa restringir sua mente dentro de padrões muito conhecidos e controlados — um perigo emocional de proporções consideráveis.

As ideias estritas nos permitem traçar um limite claro, ainda que ilusório, entre o "aqui dentro" e o "lá fora", indicando os que serão convidados para a nossa festa e os que não serão. De fato, marcam limites às vezes mais intransponíveis que as fronteiras entre países.

Em escala coletiva, observemos como se organizam as ideologias políticas e as guerras sangrentas que ao longo da história afrontaram os seres humanos. Em nome do quê? De ideias inflexíveis. Respondendo ao medo que qualquer indivíduo nos incute, qualquer tribo ou comunidade que pareça diferente, quer dizer, perigosa. Insisto que uma ideia, por definição, não pode ser inflexível. As ideias rígidas são meras **reações automáticas ao medo**. Esse medo não é social, não é individual. Claro que, se somarmos todos os medos individuais, vamos nos transformar em um exército de dragões aterrorizados, e isso nunca trará resultados agradáveis.

A **origem do medo** está inscrita na **vivência primária**, por não termos sido apoiados, abraçados, acolhidos e protegidos desde a nossa primeira respiração. Se houve momentos terríveis na nossa vida, foram principalmente esses. Somados aos anos posteriores de infância desamparada que aprofundaram as mesmas cenas de desproteção do início. Por isso, devemos observar de que maneiras essas **experiências individuais** se traduzem logo em **reações coletivas** e com que frequência defendemos com paixão ideias recalcitrantes como se tivessem alguma importância. Como se os pensamentos não fossem mudar. Como se a vida não fosse um movimento contínuo e flutuante.

Podemos imaginar qual foi o nível de caos emocional durante a nossa infância quando passamos a vida inteira tentando aquietar o vento. Nessas tentativas infrutíferas, perdemos a energia vital em vez de usá-la para fazer o bem ao próximo e amar.

AS FAMÍLIAS ENDÓGAMAS

Existem muitas maneiras de **regular nossa vida dentro de uma ordem fixa** para encontrar um alívio externo que, de todas as maneiras, internamente não será suficiente. Por exemplo, estabelecendo nossa vida familiar **controlada** dentro das organizações endógamas. O que é uma família endógama? É uma família com regras muito claras, que oferece suficiente amparo — muitas vezes mantendo o indivíduo economicamente ou lhe oferecendo trabalho em um negócio familiar —, de modo que ninguém precise buscar alimento, recursos ou afeto fora dos muros da família. Descrevi a função desses grupos familiares em meu livro *La Revolución de las Madres*, mas direi que, se observarmos esses fenômenos incluindo o provável desequilíbrio da mão daquele que mantém a endogamia — que costuma ser o patriarca ou a matriarca da família —, será mais claro seguir o fio invisível do caos passado e da necessidade de fechar fronteiras porta adentro.

Claro que às vezes precisamos observar várias gerações com lente ampliada. Outras vezes encontrarmos rapidamente a relação entre uma mãe desajustada e a imperiosa necessidade de algum dos filhos de estabelecer sua vida sob um controle excessivo. O sistema endógamo pode ser bom ou ruim. Isso não tem importância alguma. A princípio oferece suficiente domínio e vigilância sobre os membros da família, portanto, instala um nível de segurança e conforto que tornará possível que um indivíduo — ou vários — sinta a confiança necessária para se vincular afetivamente, trabalhar e desenvolver suas aptidões. Tudo isso é obviamente positivo. Também, na medida em que dominamos ou vigiamos os nossos próprios territórios, vamos ser capazes de oferecer sustento, amparo e segurança à nossa descendência. Os filhos nascidos no seio de endogamias geralmente atravessam boas infâncias. Pode parecer um conflito o fato de algum deles desejar um pouco de liberdade. Já sabem: **a liberdade é oposta ao controle**. A liberdade é livre, portanto, volátil, mutante e atrevida. Quando algum filho — já crescido — pretender emancipar-se, somente nesse momento vai constatar se tolera essa prerrogativa de independência ou se pode entrar em pânico. Sem julgar os movimentos de uns ou outros, vale a pena observar que o nível do **medo** que desata a ousadia de algum membro da endogamia ao soltar a segurança familiar nos permite imaginar o cenário desorganizado e imprevisível do qual viemos quando éramos crianças.

Em nenhum caso estou afirmando que um modo de organizar a vida familiar seja melhor que outro. Somente estamos tentando compreender por que — em algumas ocasiões — as pessoas precisam de estruturas firmes e persistentes, já que não vale discutir no plano teórico se alguma coisa está certa ou errada, se os jovens precisam de mais liberdade ou de pulso firme, se devemos manter a cabeça aberta ou preservar as tradições. O que importa é compreender as circunstâncias nas quais estão baseadas as nossas reações — que são automáticas e serviram para sobrevivermos ao horror infantil — e como elas têm sua razão de ser.

Vale esclarecer que nem todos os jovens pretendem escapar das garras da endogamia. Ao contrário, muitos dos que nasceram de mães que os abandonaram de diferentes maneiras, tendo sofrido solidão ou desamparo durante a infância, serão ávidos por se apaixonar por alguém que pertença a uma endogamia que lhes aqueça o coração, lhes ofereça comidas deliciosas e os acolha. Por isso, sempre temos de observar com olhos bem abertos, tentando compreender a totalidade das lógicas vinculares, sabendo que os seres humanos buscam ressarcir o conforto e o prazer que não obtiveram no passado sob modalidades que se encaixem naquilo que lhes falta, saibamos disso ou não.

SOBRE A RIGIDEZ E A OBEDIÊNCIA

Proponho continuar revendo outros mecanismos habituais que nos salvam da **loucura materna** vivida durante a infância: a princípio, qualquer estrutura concreta e rígida, com leis severas e inflexíveis, pode se transformar em um paraíso para aqueles que precisam de **regras confiáveis que os acalmem**. Algumas instituições — na medida em que tenham hierarquias bem-estabelecidas e que devam ser cumpridas ou que exista uma linha de comando claro e a obediência nos exima de pensar em tomar decisões com liberdade perturbadora — se transformam em um oásis de calma e bem-estar. Não estou exagerando. De fato, muitíssimos indivíduos entram e permanecem por anos — às vezes a vida inteira — em instituições cuja dureza e repressão se transformam em um bálsamo se vêm de infâncias com mães atormentadas, negligentes, descuidadas, imprevisíveis e mutáveis.

Os quartéis militares são perfeitos. Nem o cabelo tem autorização para se despentear. Se, em tantas latitudes e ao longo de toda a história do patriarcado, os exércitos não só existem como também gozam de boa reputação, é porque precisamos deles. Não é verdade que não nos faz falta ganhar batalhas. De fato, na atualidade existem poucos países com conflitos bélicos declarados. Mas precisamos dos exércitos para nos sentirmos bem. Para experimentar o máximo de controle sobre as nossas almas machucadas e poder viver cada dia em paz.

Algumas igrejas funcionam com sistemas análogos: nelas também há uma hierarquia determinada, e, além disso, existem ritos para cumprir e rotinas para obedecer. Todo esse acúmulo de tarefas organizadas, repetidas e, sobretudo, desdobradas de um marco de acolhimento espiritual se transforma em um campo de flores perfumadas para os nossos corações feridos. Logicamente, não estou falando da espiritualidade, mas da forma endógama que assumem algumas instituições eclesiásticas, nos oferecendo um terreno de **pertencimento e lealdade** que sustentamos para acalmar nossa desordem emocional histórica. Poderia existir espiritualidade sem igrejas? Claro, mas teríamos de fluir com a felicidade do nosso espírito livre, buscando mestres aqui e ali e os comparando com diferentes aprendizagens e com o nosso **bom senso**. Mas já vimos que o bom senso é o "menos bom" entre os sensos. Portanto, é habitual que sejamos fiéis às estruturas, sobretudo se são sacerdotes autoritários ou se possuem um carisma tão grande que nos ofereça a firmeza de que precisamos. Por isso a adesão passional a certas igrejas não tem tanto a ver com a sintonia espiritual que encontramos, mas, sobretudo, com o refúgio estrito e rigoroso que nos traz segurança.

Por outro lado, a **obediência** em si mesma, em qualquer de seus formatos, também está constituída de um *bunker* legítimo para os adultos que provêm de *cenários* de **caos emocional**. Podemos obedecer a um militar de cargo superior, a um sacerdote, a um mestre, a um chefe na empresa na qual trabalhamos, a um superior político, a um parceiro. Sim, a obediência — e o medo que a sustenta — permite que nos movimentemos em uma faixa estreita na medida em que os desejos do indivíduo ou da empresa que os impõe sejam claros e precisos. Se a imprevisibilidade das nossas mães — quando éramos crianças — nos obrigava a estar permanentemente alertas, hoje — sendo adultos — não sentimos o peso da obediência, já que obedecer a comandos repetitivos é muito menos trabalhoso do que não saber a que nos ater. Por isso alguns adultos vivem com alegria a possibilidade de responder milimetricamente àqueles que são capazes de formular indicações claras, inalteráveis e, dentro do possível, perenes.

CONTROLE MÁXIMO *VERSUS* IMPREVISIBILIDADE

Muitos de nós aprendemos, ao longo de toda a nossa escolarização, que a melhor maneira de atravessá-la é obedecendo aos nossos superiores. Os que tiveram **mães malucas** se adaptaram com maior facilidade à **obediência**. Até costumam ter lembranças bastante gratas da escola, a não ser que os maus-tratos e a violência tanto dos professores quanto dos nossos colegas tenham estado presentes sem que a obediência tenha conseguido minimizar tal injustiça. Pelo contrário, aqueles que resistiram à obediência imposta na escola provavelmente permanecem, em suas casas, mais excluídos do território emocional materno, sem loucura nem imprevisibilidade, mas também sem amparo. Portanto, o modo de sobreviver era outro: era um convite a que nos virássemos livremente fora de toda a estrutura.

Se começarmos a observar as nossas condutas e a dos indivíduos que circulam ao nosso redor, registraremos uma infinidade de atitudes que são pura reação dos *personagens* que nos deram amparo e com os quais sobrevivemos ao desamor materno.

No caso do **desequilíbrio da nossa mãe**, quase sempre buscaremos restringir ao máximo o que quer que seja, para conseguir **maior controle**. Por exemplo, observemos aqueles que entram em dietas alimentares restritas. Mais uma vez se trata da tranquilidade que nos faz ter milimetricamente **sob controle** algo que entrará no nosso corpo e que pode nos fazer mal — como a mamãe. Sobre a anorexia, escrevi bastante em *La Revolución de las Madres,* mas vamos rever como funciona cada caso de restrição exagerada.

Claro que existem mais e mais dietas disponíveis devido ao grau de contaminação alimentar que enfrentamos como consequência da extrema industrialização dos alimentos. Mas eu me refiro à necessidade emocional de ter sob controle até mesmo a menor porção de alimento, quando não se trata de um problema de saúde, por exemplo, a doença celíaca ou a diabetes, mas da **força de uma ideia**. Quando as posições assumidas são estritas e a imposição desses pensamentos e decisões — nesse caso uma dieta em particular — se converte em um assunto tão importante para nos manter em alerta máximo, é porque estamos acalmando outra coisa no nosso interior. A necessidade de **controle** é mais importante que a dieta vegana, ayurvédica, macrobiótica ou pré-histórica. Olhemos de maneira ampla. E constatemos o que encontrarmos.

Em geral, qualquer situação ou vínculo que tenha um nível de rigidez e inflexibilidade importante pode responder à nossa necessidade emocional de que **não existam imprevistos**, porque não poderíamos tolerá-los e, além disso, porque **minam nosso critério pessoal**. Não podemos contar com essa certeza interna, mas sim com a inflexibilidade e a persistência daquilo que se mantém sólido e estável. Por exemplo, é provável que nos vinculemos amorosamente a uma pessoa rígida em alguma área (pode ser que seja extremamente disciplinada quanto à higiene ou as rotinas do lar, ou que não tolere nenhum ponto de vista diferente do seu) e — ainda que reclamemos de seu autoritarismo — que essa seja a pessoa quem nos transmite mais segurança.

Ou podemos simplesmente nos vincular a alguém que pertença a uma endogamia ou a um circuito afetivo muito restrito que também nos garanta um âmbito de pertencimento com regras precisas e sem mudanças. Quando nosso/a parceiro/a nos traz segurança pelo grau de estabilidade e permanência, é possível que não fique tão clara nossa necessidade de organização, já que talvez reclamemos do excesso de rigidez. Entretanto, projetamos no nosso cônjuge o nível de ordem e estrutura que assumimos.

AS OBSESSÕES COMO RITUAIS PARA OBTER SEGURANÇA

As obsessões também são *bunkers* possíveis. Quando as obsessões na nossa vida cotidiana comprometem cada ato rotineiro, às vezes somos diagnosticados com a sigla TOC (Transtorno Obsessivo Compulsivo). Esse transtorno não estava em nosso DNA, mas é uma **resposta inteligente ao caos emocional do qual viemos**. Para não cair em um desequilíbrio similar ao da nossa mãe, aumentamos o controle ao máximo de nossas capacidades. Colocamos atenção especial para que nenhum detalhe fique de fora do nosso domínio. Habitualmente precisamos manter sob vigilância fatos cotidianos como a limpeza, a organização da casa, portas fechadas ou a arrumação excessiva da roupa nos armários. Também precisamos transformar cada ato em um ritual — a falta de rituais cotidianos quando éramos crianças, como o respeito pelo nosso ritmo, como a fome, a saciedade, o sono e a vigília.

Os rituais são extremamente necessários quando somos crianças: faz sentido que certos acontecimentos ocorram do mesmo jeito todas as vezes: que sempre leiam para nós a mesma história antes de dormirmos, que sempre passemos pela mesma banca de jornal quando voltamos da escola ou que sempre estejamos sentados no mesmo lugar à mesa. Isso nos dá segurança. A repetição de certas ações se transforma em parâmetros confiáveis quando as crianças ainda não dominam os conceitos de tempo e espaço. Por exemplo, saber que a mamãe volta do trabalho quando estamos tomando o lanche é uma referência confiável. Confiar que quando o papai abre a porta de casa de manhã depois de levar o cachorro para passear e porque ele virá nos acordar é outra referência confiável. Se não tivemos uma infinidade de pequenas ações que nos garantiram proteção quando éramos crianças, ou, pior ainda, se nossa mãe era tão imprevisível que era impossível comprovar que o que ela dizia era coerente, é lógico que, ao nos tornarmos adultos, inventaremos **rituais que nos devolvam uma porção dessa segurança tão desejada.**

As obsessões — nesse sentido — são uma maneira de gerar rituais com o **propósito de nos acalmar.** Com efeito, nós conseguimos isso na maioria dos casos, sempre e quando mantemos o controle total para que não surjam imprevistos. Por isso precisamos checar várias vezes se a torneira do gás está fechada. Às vezes, precisamos aquietar a mente que está em pânico: por isso, existem pensamentos repetitivos que garantem, mais uma vez, que cada uma das nossas preocupações foi checada. As pessoas que sofrem de TOC costumam encontrar conforto exercendo seus rituais reservadamente — por isso, precisam de momentos de solidão a fim de poder *ritualizar* qualquer coisa em paz —, mesmo que suponham que estão doentes e que deveriam superar o problema. Isso é um erro. Não se trata de uma doença. É uma resposta compensatória e confortável para superar o abandono e a falta de cuidado que sofreram na infância. Por acaso não é cansativo ritualizar cada saída de casa? Sim, mas foram muitíssimo piores as experiências de desamor e crueldade vividas durante a infância, portanto, isso não é tão grave. O que as pessoas que têm TOC merecem é que ninguém ache horrível o que acontece com elas, e, sim, que compreendam como foi horrível sua infância.

Como vimos, existem muitos *bunkers* possíveis. Diante de panoramas tão devastadores, considero que são soluções perspicazes a favor da sobrevivência emocional.

REFÚGIOS COMPENSATÓRIOS

Estou tentando mostrar que a **loucura materna** pode produzir estragos diferentes em cada um de nós e que entre os mais habituais está a busca desesperada de uma **estrutura rígida**, seja ela qual for, ainda que essa rigidez aprisione tudo o que for criativo, amoroso e tenro que existe em nosso interior. Por isso, proponho um exercício para a mente, já que — tal como descrevi no meu livro *A biografia humana* —, se estamos interessados em compreender a conduta humana, teremos de intensificar nossa razão e nossa intuição, contar com faro de detetive até localizar a lógica de cada cenário e compreendê-la. Entendo que a única maneira de os seres humanos se compreenderem entre eles é se solidarizando, é entendendo por que e para quê fazemos o que fazemos! A princípio nossas reações são **compensações infantis**, a não ser que alguma vez percebamos e decidamos escolher com consciência e maturidade, ou seja, não orientados pelo medo, mas com o desejo ardente de fazer o bem.

É verdade que as diferenças entre os *cenários* nos fornecem um máximo de ordem, mas são difíceis de detectar. Como perceber onde aparecem os *bunkers* se, às vezes, são conceitos, mas, outras vezes, são sentimentos sutis, mascarados no comportamento humano? A princípio, quanto mais restritos e escondidos estejam e menos opções de mudança existam, vale a pena observá-los como *bunkers* de proteção. Às vezes estamos literalmente fechados, vivendo sozinhos, com mínimos intercâmbios mentais ou de trabalho com outras pessoas, um pequeno circuito de amigos ou conhecidos que sabem muito pouco dos nossos altos e baixos emocionais. Atravessando múltiplas terapias, mas nos prendendo a interpretações que não nos ajudam a observar o que existe: um eterno e persistente medo de que a mamãe — ou outra pessoa, na atualidade — nos arranque da rotina confiável que instauramos e nos jogue em um terreno de areias movediças e imprevisíveis.

É obrigatório deixar esses *bunkers* rígidos? Não. De fato, acho que são **compensatórios e tranquilizantes**. Mas vale a pena reconhecer que nenhuma defesa ferrenha do que quer que seja — ideia, instituição, sistema moral ou filosofia — tem tanta razão de ser. São apenas territórios que permitiram que sobrevivêssemos, e por isso estamos agradecidos. Se desejamos ir além, se estamos prontos para deixar as reações infantis e tomar a nossa vida adulta nas mãos, ao menos vamos constatar com clareza que o monstro que nos machucou já não está aqui. Que ninguém mais pode nos fazer mal. E que seria uma pena permanecermos fechados quando há uma humanidade inteira esperando por nós.

O problema da lealdade

Existem vários formatos de *bunkers*. Alguns são concretos e outros são sutis. Dentro desse leque, para organizar uma estrutura interna que nos ofereça suporte, aparece um sistema comum que é a **lealdade**. Vale lembrar que as criaturas humanas nascem dependentes dos cuidados maternos, e nós sabemos que para nossa sobrevivência alguém deverá nos oferecer **segurança**. Acontece que, se tivéssemos obtido a **segurança básica quando éramos bebês**, hoje não estaríamos tão necessitados de proteção. Mas as coisas aconteceram assim.

Sendo crianças, éramos vulneráveis, portanto, é lógico que tenhamos consciência do nível de amparo de que precisávamos para sobreviver. Lamentavelmente, a experiência de não ter ninguém que esteja sintonizado com a nossa imensa necessidade e que nos ofereça proteção nos obriga a fazer alguma coisa para obtê-la.

Cada um de nós utilizou mecanismos de sobrevivência — todos descritos nos meus livros anteriores — por meio dos quais denominei os nossos *personagens*. Com alguns *personagens* assumidos, frequentemente prometemos **lealdade em troca de proteção**. Claro que essas atitudes foram e continuam sendo inconscientes, já que foram se organizando automaticamente desde que éramos muito pequenos. Por que faríamos isso?

Porque estamos dispostos a pagar o preço para obter aquilo de que precisamos para nossa subsistência. Somos capazes de retribuir com juros o favor recebido.

A primeira e indestrutível **lealdade** se estabeleceu com relação à **nossa mãe**. Por quê? Porque nós dependíamos dela — ainda que tenha sido violenta, alcoólatra, depressiva, queixosa, desconectada ou cruel. Em todos os casos, o bem-estar que podíamos receber dependia dela. Era tão grande nossa necessidade de obter cuidados que éramos capazes de oferecer nossa vida em troca dessas migalhas de amor. A **lealdade à nossa mãe** é tão habitual que é complexo observar com clareza como funciona, porque quase não encontramos sentimentos maduros em nenhum indivíduo que possa ter um olhar objetivo e próximo da realidade dessa mulher que nos criou. Em alguns casos — se ficamos na trincheira do nosso pai, da avó ou da tia materna —, é provável que não sejamos leais à nossa mãe, mas lamento dizer que a lealdade estará projetada em qualquer pessoa que nos usou como escudo na guerra contra a nossa mãe. Por exemplo, seremos leais ao nosso pai. Mas esse detalhe não muda o pano de fundo.

LEAIS E TRAIDORES

Como podemos saber a quem somos leais? Tentando detectar de onde vêm os nossos discursos. Mas como determinamos se somos leais à nossa mãe ou à nossa avó? Para responder teremos de entrar em um desdobramento completo da **biografia humana** de cada indivíduo. Pode acontecer de não sermos leais a ninguém? Sim, quando se trata de casos de exílio emocional, mas não vou desenvolver esse conceito neste livro. Por ora, vamos pensar que habitualmente agradecemos com **lealdade permanente** ao dono do discurso, com quem nos identificamos por pura necessidade de sobrevivência.

Se organizamos o nosso entendimento conforme o que nossa mãe dizia, é muito provável que todo o nosso sistema de crenças esteja alienado. Podemos comprová-lo a cada momento: não gostamos que questionem a figura da nossa mãe. Achamos uma falta de respeito e sobretudo uma **traição** com relação a tudo o que nossa mãe fez por nós. É verdade que ela fez muito? Do ponto de vista da nossa mãe, sim, ela fez o máximo que podia, sem dúvida. Insisto que, quando não aguentamos que alguém questione nossa mãe, é porque a lealdade funciona plenamente. Cumprimos uma promessa que fizemos desde os tempos remotos e nos alimentamos do medo do abandono, que foi a ameaça recorrente. A promessa original foi: "Se você ficar comigo, nada de ruim vai lhe acontecer." Essa afirmação esconde a seguinte premissa: "Se você entrar em outro território ou me abandonar, não vou mais protegê-lo, e você estará em perigo."

Observemos que as crianças não ficam sem escolha. Claro que precisamos da proteção da mamãe, mas isso teria de funcionar **sem condições**. Porque as crianças não precisam retribuir o favor por não terem sido amparadas. Aqui há um engano: nós, mães infantis ou famintas como consequência das nossas próprias infâncias, exigimos companhia e proteção dos nossos filhos por meio da lealdade que eles nos devotam; em troca, nós lhes damos algumas migalhas de atenção.

Esse sistema de lealdade em relação às nossas mães passa a funcionar de maneira similar em outras relações pessoais e também nas **relações coletivas**. O perigo é o fato de **a lealdade não questionar**. A lealdade significa que estaremos do lado desse indivíduo — ou dessa ideologia, dessa moral ou dessa empresa —, **aconteça o que acontecer**. Pertencemos a esse grupo. E qualquer pensamento autônomo ou diferente será considerado uma traição.

Eis aqui um problema grave: de um lado temos uma **lealdade absoluta** e, de outro, temos **traição**. Não há meio-termo. Como elaboramos esse funcionamento tão extremista? Acontece que, entre viver e morrer, também não há meio-termo. Se nos prendemos às gotas de amor que nossa mãe poderia nos oferecer, e a escassez afetiva era uma vivência bem real, o que vamos prometer em troca será *tudo* em lugar de *pouco*. Pela nossa vida também vale arriscar tudo o que possuímos.

Se tivermos fome, vamos comer primeiro. Não haverá solidariedade, respeito ou amabilidade. Em relação à falta de amor materno acontece a mesma coisa: haverá guerras por migalhas. Portanto, serão formados dois grupos: os daqui e os dali. **Os leais e os traidores.** Essas trincheiras, nossa mãe deixou bem-estabelecidas. No percurso de cada **biografia humana**, podemos detectar com clareza esses mecanismos que em geral são vislumbrados dentro das dinâmicas familiares. Por exemplo, existem filhos que estão no grupo da avó e filhos que estão no grupo da mãe. Cada um tem sua visão parcial — e leal — dos assuntos familiares. A realidade é que os adultos em guerra são aqueles que estabelecem os grupos e aqueles que obtêm apoio e olhar das crianças. Isso é um despropósito.

DO MEDO INFANTIL À LEALDADE A QUALQUER FALSO LÍDER

A **lealdade** se organiza durante **a primeira infância**, e sempre em relação à nossa mãe — ou à pessoa que nos criou. Com o tempo, passamos a reproduzir a mesma lógica em todos os vínculos afetivos. Tecemos amizades com base nas **alianças**, não com base na solidariedade. Teríamos de ser muito mais maduros e conscientes de nós mesmos para sustentar amizades apoiadas na compreensão dos nossos estados emocionais e para tentar funcionar como advogados do diabo pelos nossos amigos. Entretanto, não fazemos isso: preferimos as alianças para nos sentirmos seguros. Quanto mais forem aqueles que se juntam de um lado (porque gostamos da mesma banda, porque preferimos as morenas ou partilhamos a paixão pelo mesmo esporte), mais forjamos a aliança e a fidelidade dentro do grupo. As amizades costumam ser lugares nos quais oferecemos segurança mútua, sempre e quando sejamos **leais** àquilo que acordamos em tempos remotos. Por outro lado, **a traição desses acordos antigos** será paga com o desterro.

Nas instâncias coletivas acontece exatamente a mesma coisa. A política parece se apoiar em um jogo de lealdades e traições, quando na verdade são mal-entendidos baseados nas inseguranças infantis. De fato, à medida que as pessoas provêm de histórias de insegurança básica, aderimos com absoluta **lealdade a falsos líderes**, a uma ideia, a um partido político ou a qualquer instância que nos assegure o pertencimento.

O problema é que atuamos por lealdade. Quer dizer, **prisioneiros do medo infantil de ficarmos sem um âmbito de segurança**. Pior ainda, se algum indivíduo tem a ousadia de tirar a máscara, abandonar o partido, mudar de opinião, dissentir, será considerado **traidor**. Lembremos de que nessas instâncias não há meio-termo.

A **lealdade** é outro *bunker* perfeito. Tem bem delimitado o que considera bom ou ruim. Há aliados "aqui dentro" e inimigos "lá fora". Entretanto, ela traz consigo uma grande dificuldade. A lealdade nos cega. Quando somos soldados fiéis e leais a quem quer que seja — ou ao que quer que seja —, perdemos toda a subjetividade, desdobrando nossa força vital para proteger quem nos amparou sem recorrer à razão, ao desejo próprio ou ao critério. Lamentavelmente, a lealdade levada às últimas consequências costuma ser uma projeção passada por **responder milimetricamente às necessidades da nossa mãe para que sejamos queridos por ela**. Não interessa o quanto tenhamos nos esforçado, provavelmente nossa mãe continuou a olhar para si mesma, nos abandonando no mais absoluto vazio existencial. Entretanto, a lealdade nos permitiu manter a ilusão de que estávamos ligados a ela. Ou a quem quer que seja na atualidade.

A lealdade é um falso pacto de sobrevivência. Ninguém nos dará o amparo emocional de que precisamos, ainda que não percamos as esperanças. Insisto que se trata de mal-entendidos ao longo da nossa vida e que, atrelados às histórias de muitos outros indivíduos tão desamparados como nós, em busca de proteção, formaremos um **exército de soldados dispostos a dar a vida por aquele que nos prometa o mínimo de amor**. É óbvio que, no seio dos povos empobrecidos e imaturos, os políticos utilizam os mesmos mecanismos que usam as mães para manter os filhos aos seus pés.

Se há lealdade, não há liberdade. Se há lealdade, não há pensamento autônomo nem criatividade.

Vamos pensar ao contrário: se fôssemos um governante ou uma corporação com poder real e com um grau de consciência importante — quer dizer, se fôssemos maduros —, não precisaríamos da lealdade de ninguém. Porque o verdadeiro poder não é ter pessoas submissas a nós, satisfazendo nossos desejos. **O poder é a capacidade de amar e estar a serviço do outro**, despojados de nossas necessidades infantis.

O jogo de lealdades e traições é organizado tanto por aqueles que são leais quanto pelos que exigem que os outros sejam leais. Desde o âmbito do poder, não interessa quanta lealdade nos ofereçam, nunca obteremos confiança, já que a confiança interior se organiza — ou não — durante nossa primeira infância.

A não ser que tenhamos compreendido o que aconteceu conosco e constatemos a diferença entre ser criança e ser adulto, assumindo que já não precisamos de alguém que cuide de nós. Que nada de ruim nos acontecerá, porque já crescemos.

Se os nossos governantes exigem lealdade, é porque não são confiáveis, no sentido de estarem procurando o seu próprio conforto em vez de derramar harmonia e abundância sobre os demais. Nenhuma promessa será cumprida; pelo contrário, eles perceberam a extrema necessidade de cada um de nós de sustentar a ilusão de pertencimento e pagar o preço que for preciso. Quando a lealdade está presente — tanto no vínculo pessoal como em uma comunidade —, podemos comprovar quão imaturos, maleáveis e manipuláveis nós somos. Como resolver? Não se trata de abandonar o vínculo de admiração ou pertencimento ao lugar, mas de reconhecer — em primeiro lugar — o vazio existencial do qual proviemos, a desorganização emocional e a falta de referências maternas coerentes.

As revoluções sociais iniciadas com boas intenções fracassaram ao longo da história porque foram organizadas com base na lealdade cega aos líderes. Essa lealdade nos tira qualquer lampejo de liberdade. Sem liberdade, pensamento autônomo ou critério pessoal, **não há revolução possível**. Não importa qual ideologia desperte maior empatia em nós; o problema não é a suposta ideia, mas o funcionamento coletivo baseado nos medos infantis aterradores. Por isso — insisto —, ao longo da história os povos seguiram fielmente seus líderes até mesmo em circunstâncias absurdas, sangrentas, selvagens e desumanas, sem ousar se afastar um centímetro do território da lealdade. A lealdade faz estragos porque é consequência do medo. Lembremos: quando a lealdade supera os outros valores, é porque nós estamos perdidos.

Podemos viver sem lealdade a algo ou alguém? Por acaso é errado ter ideias, gostos, opiniões e preferências? Na verdade, a única fidelidade deveria consistir em se organizar de acordo com o "**si mesmo**" **autêntico**, com o "**eu sou**". Se pudéssemos voltar à origem e estar em harmonia com o nosso ser essencial, se pudéssemos compreender que agora somos adultos e nada de ruim nos acontecerá, se pudéssemos observar a nossa mãe com objetividade e compreender sua história e suas deficiências, então teríamos a liberdade de tomar decisões livres em qualquer área. Sem medo. Sem precisar pagar. Sem obedecer a ninguém. Somente sendo fiéis a nós mesmos e à compreensão que tenhamos conseguido acessar. A partir dessa verdade, baseada em uma indagação pessoal, poderíamos agir em favor do próximo. Livres do medo. Fluindo com o todo.

Cenários e personagens habituais

Ensinar a **biografia humana** é difícil, ainda que eu esteja empenhada — há anos — em melhorá-la cada vez mais. No desejo de transmitir uma modalidade que sirva para acompanhar aqueles que queiram rever seu "si mesmo" autêntico — fora do pequeno olhar enganado com o qual habitualmente contamos —, eu me vi na obrigação de sistematizar, teorizar e buscar coincidências para que esse método se transforme em uma ferramenta eficaz e concreta. Claro que cada vida é especial e única, mas fui detectando certas coincidências que utilizei como ponto de apoio.

Toda a metodologia está descrita no meu livro *A biografia humana*, portanto, não vou repetir conceitos. Sempre uso boas referências, que funcionam como guias para o trabalho de cada beagador. Mas ainda não encontrei uma maneira de ensinar o desenvolvimento do **faro absoluto** que precisamos para nos transformarmos em **detetives da alma humana**. Simplesmente espero que cada profissional utilize seus recursos espontaneamente. A princípio, costumo dizer que o faro é treinado com a experiência, a prática e o interesse permanente de assistir cada indivíduo na busca da sua própria verdade. Sem o faro não podemos vislumbrar a totalidade de cada ser humano que está ali, esperando para ser descoberta.

Por isso, acompanhar o desenvolvimento de uma **biografia humana** é uma arte que combina com determinada ordem que teremos de relembrar dentro da cronologia de uma vida, a lógica que a sustenta, o cenário da infância e o personagem que amparou e protegeu a criança até ela se tornar o adulto que cada indivíduo é agora. Esse fio imaginário que cruza a rede invisível da vida de cada ser humano tem uma lógica: devemos descobrir essa lógica para compreendê-la, e, sobretudo, para que o dono dessa vida compreenda e tome decisões conscientes — sejam quais forem — para si mesmo e a favor do próximo.

Entretanto, a **biografia humana** não é uma construção mental. Seria perigoso transformá-la em um cálculo de probabilidades, porque, nesse caso, cairíamos nas mesmas interpretações — muito discutíveis — a que recorrem outros sistemas, especialmente a psicologia tradicional. Aqui entra em jogo a **intuição** e, sobretudo, a **fusão emocional** entre o beagador e o consultante. Sim, refiro-me à capacidade de sentir o que o indivíduo sente, ainda que não perceba o que sente. Como conseguir isso? Inicialmente, seremos capazes de sentir o que quisermos se fizermos um exame honesto da **nossa própria biografia humana** e se derrubarmos as nossas muralhas emocionais ao compreender que não vale a pena ter medo. Também, se já constatamos que o medo tinha razão de ser durante a nossa infância, mas logo fomos capazes de organizar as experiências reais, compreendendo as reações posteriores.

Aquilo que pertence à infância deve ser observado e reconhecido sem justa medida, sobretudo o nível de medo como resposta à solidão, aos maus-tratos e à violência à qual estivemos submetidos. O que pertence à juventude é a formação do personagem que nos amparou. O que pertence à vida adulta é a apropriação dos benefícios ocultos do *personagem* — às vezes, a favor de si mesmo, mas em detrimento dos outros. Por último, o que pertence a um estado de consciência maior sobre a luz e a sombra da nossa vida são as decisões que tomaremos uma vez que compreendamos a ordem e a lógica que sustentam **nossa própria biografia humana**.

Somente aí — despojados do medo infantil, da necessidade de sermos reconhecidos ou de qualquer carência emocional — estaremos em condições de nos deixar fluir até entrar em sintonia com o outro. Essa entrega facilitará a **fusão emocional**, e, sentindo tanto as vivências passadas quanto os estados emocionais atuais do consultante, poderemos contribuir com uma ordem, um olhar contemplativo e uma visão global. Sem julgamentos, sem opiniões a favor ou contra nada. Sem culpar ninguém, mas compreendendo a lógica que sustenta cada vida humana.

A organização que propõe a **biografia humana** se transforma em uma peça fundamental quando — ao tentar abordar a infância do consultante — nada parece se encaixar em nada. Justamente como consequência da impossibilidade de organizar lembranças ou pela falta de coerência que aparecia nos relatos, comecei a vislumbrar os estragos dos desequilíbrios maternos sofridos pelas crianças — que hoje são adultos.

Quero deixar claro que, na maioria das consultas, a organização e a lógica de uma **biografia humana** são estabelecidas nos primeiros encontros. Quando não conseguimos captar nenhuma ordem, por mais que desmontemos os relatos confusos, mostramos as contradições e propomos hipóteses que podem servir ao consultante como referência, considerando que o *cenário* da infância parece estar tingido por algum tipo de **desequilíbrio ou incoerência materna**. Porque o indivíduo não pode organizar, mentalmente, nada, de jeito nenhum.

Em quase todos esses casos, foi útil mostrar ao consultante uma **imagem de caos para** concretizar a **desordem emocional** que produz em uma criança a imprevisibilidade de uma mãe, a inconsistência e a descontinuidade de suas palavras ou atitudes.

A VIVÊNCIA INTERNA DO CAOS

Quando abordamos a infância, costumamos nos referir a *cenários*. Porque as crianças nascem em um âmbito que tem certas características: um tipo de família, um nível socioeconômico ou cultural e uma quantidade de especificações que influenciarão radicalmente no leque que devemos levar em consideração. É útil pensar de maneira cinematográfica: se o filme começa no meio de um deserto, há sede, distância, seca e desejo de sombra ou frescor. Se o filme começa no meio de uma batalha, há guerreiros, sobreviventes, mortos, adrenalina, estratégias, ação e trincheiras. Se o filme começa em uma gráfica familiar, há trabalhadores, patrões, tintas, rolos de papel, barulho e máquinas funcionando. Se o filme começa em um castelo com uma rainha má, há súditos, riqueza, traições, servidão e amores ocultos.

Estabelecer objetivamente qual foi o *cenário* no qual a criança nasceu facilita a compreensão posterior, já que a conduta ou a adaptação da criança, obrigatoriamente, terão **coerência com seu território de origem**. Quando é difícil estabelecer o cenário, porque as lembranças são contraditórias ou porque aparecem imagens relativas à mãe que mostram desequilíbrios importantes — diagnosticados ou não — (logo vou dar exemplos), costumamos mostrar a imagem da próxima página para observar **o caos** com olhos bem abertos.

Curiosamente, os consultantes se acalmam ao ver essa imagem. Por quê? Porque ela nomeia e reflete o que afetivamente acontecia, mas **ninguém havia nomeado antes**. Somente depois de estabelecer que o *cenário* era caótico, desorganizado, descontrolado e imprevisível, algo sutil se organiza no interior de cada indivíduo. Então aparecem cachoeiras de lembranças, que começam a se encaixar nas vivências contraditórias e que vão confirmando a **loucura** e a desorganização vividas durante a infância. Em alguns casos, o que a mãe nomeava e o que acontecia eram tão diferentes que não dava para entender o que acontecia. A imagem do caos **confirma** que não era possível compreender nada.

Às vezes as crianças não têm sequer uma rotina diária organizada. Outras crianças vivem experiências de violência ou crueldade por parte da mãe — ou por parte do pai, com o aval necessário da mãe — até

CAOS

níveis de atrocidade inimagináveis. As crianças não conseguem processar tanta maldade sofrida, com frequência, porque isso **não se encaixa em nossa natureza humana**. Isso nos deixa no desamparo mais absoluto, sem pontos de referência físicos ou emocionais. É uma queda em um vazio existencial. Lembremos que a infância é um período no qual estamos milimetricamente conectados com o nosso ser essencial, portanto, todas as vivências que não se adaptarem à nossa natureza serão rejeitadas espontaneamente, por meio de diferentes manifestações, até que finalmente tenhamos nos adaptado e eliminado o fio que nos une ao nosso ser autêntico.

UMA OPÇÃO PARA SE PROTEGER

Em algumas ocasiões, podemos detectar que a **desorganização** era imensa, mas — já desde pequenos — encontramos **algum refúgio seguro** ao qual nos agarramos, como ao ar que respiramos. Esses refúgios podem ser a casa de um colega do colégio na qual uma mãe coerente nos recebe e permite que permaneçamos ali. Pode ser uma leitura compulsiva, que nos envolva em seus braços imaginários e nos acolha dentro do universo literário. Pode ser um esporte que pratiquemos com seriedade profissional e que requeira disciplina, horários a cumprir e objetivos claros. Pode ser uma pesquisa obsessiva sobre um assunto de interesse. Inclusive — lamento informar —, o refúgio pode ser o abuso sexual atroz e repetitivo sustentado por uma família próxima que prenda a criança em uma ilusão de amor. A questão é que precocemente procuramos um *bunker* sólido que, por um lado, nos salve da loucura reinante, e, por outro, nos mantenha isolados supondo que, fora do *bunker*, a vida não pode ser vivida. Nesses casos, costumamos mostrar aos consultantes a próxima imagem.

Com frequência eles reconhecem a lógica de condutas próprias que antes não puderam explicar diante das críticas dos outros, mas que agora se encaixam perfeitamente. Mais uma vez, não há nada que os indivíduos façam bem ou mal. Fazemos o que podemos fazer com os nossos *personagens* nas costas, produtos dos *cenários* nos quais nascemos e crescemos. Observando juntos essa imagem, os consultantes trazem à memória uma infinidade de circunstâncias, nas quais entraram de maneira impensada em seus refúgios, sem compreender ainda suas próprias reações. Agora estão olhando para elas, observando, desmontando e iluminando, sem perder de vista a rede completa de suas vidas. Estão buscando lógica, do ponto de vista da criança que foram. Permanecem bastante tempo nesse período de observação, vendo com clareza pela primeira vez antes de pretender fazer alguma coisa com tudo isso.

ULTRAPASSANDO O LIMIAR DA TOLERÂNCIA À CRUELDADE

Aprofundando um pouco mais, quando os relatos dos consultantes dão sinais de níveis de **crueldade** terríveis por parte da mãe ou dos adultos que cuidavam de nós, usamos imagens que representam o **inferno** para estabelecer o *cenário* da infância, porque não é só o desequilíbrio ou a loucura da nossa mãe que nos desestabiliza, mas a violência exercida sobre nós até limites inconcebíveis.

Em todos os casos, vamos organizando as vivências do consultante com parcimônia e extremo cuidado, já que é provável que a criança — provindo de um inferno emocional — tenha negado ou deturpado suas experiências, caso contrário, teria sido impossível sobreviver. É difícil, porque os indivíduos que tiveram infâncias horrorosas estão acostumados a mudar seus pontos de vista inventando,

CAOS COM REFÚGIO

imaginando ou ajustando qualquer ideia. De fato, às vezes aceitamos tudo o que nos dizem, porque **não contamos com nenhum critério pessoal**. No seio de uma indagação pessoal, é prioritário que os profissionais registrem se o consultante concorda com tudo o que dizemos, e também com o contrário. É nesse ponto que devemos parar, perceber que não há sintonia com o ser essencial, mas que ele responde a partir do personagem: aquele que se adapta **ao critério de quem quer que seja**. Isso é o que deve ser estabelecido antes de mais nada. Colocar sobre a mesa que ninguém precisa ter opinião sobre nada em particular nos deixa à mercê de qualquer pessoa. Os profissionais podem ter boas intenções, mas não podemos continuar com o trabalho de indagação pessoal sem antes abordar com seriedade **o grave problema da falta de critério pessoal do consultante**.

Observemos que muitas associações, igrejas, exércitos, seitas, grupos de militância política, confrarias e todos os coletivos reunidos para defender ideias em comum funcionam como bálsamo para centenas de indivíduos que não confiam em seus próprios critérios. Portanto, precisamos nos apoiar em ideias defendidas por uma maioria. Acreditamos que, se são muitas as pessoas que pensam em alguma coisa, é porque esse pensamento deve estar correto. E tiramos um problema do colo.

A **fragilidade emocional** na qual vivem os indivíduos que provêm de *cenários* caóticos ou infernais nos obriga a procurar refúgios. Quanto mais fechados e rígidos forem, maior segurança sentimos. Claro que são todas respostas automáticas à fragilidade e ao medo. Nada disso tem a ver com o livre-arbítrio, com a criatividade e o desdobramento da nossa potencialidade. Tampouco tem a ver com o âmbito das ideias. Eu já mencionei: **as ideias são livres**. Reconheçamos que, quando elas são condicionadas pelo medo ou pela necessidade de pertencimento, não se trata de ideias, mas de **lealdade em relação a quem nos promete amparo**. É importante levar isso em consideração, porque nem adianta discutir ideias entre aqueles que precisam defendê-las. As ideias não se defendem; estão disponíveis

INFERNO

para a abertura do espírito. Se precisamos defendê-las, é porque está acontecendo outra coisa: o que estamos preservando é a nossa fortaleza. Nosso lugar de amparo. Nossa salvação.

Por outro lado, o conjunto de ideias que utilizaremos responderá ao *personagem* que adotamos para sobreviver. Elas serão o roteiro favorito da nossa máscara e formarão o **discurso do "eu enganado"**, tal como descrevi no livro *A biografia humana*. Portanto, aquilo que dizemos não tem grande importância, a não ser que o avaliemos no contexto dos nossos sistemas de sobrevivência emocional.

AS HISTÓRIAS DE VIDA QUE PROVÊM DE DESEQUILÍBRIOS EMOCIONAIS MATERNOS

Neste livro compartilharei com meus leitores algumas **biografias humanas** escolhidas porque têm em comum a **desorganização básica**. Seja pelo fato de terem estado submissos ao desequilíbrio das suas mães ou a níveis de **crueldade** que os obrigaram a desequilibrar suas psiques. Os *cenários* da infância nos levaram a adotar algum *personagem* como resposta a esse nível de horror. Quero esclarecer que nenhuma biografia humana apresentada é real, mas — como fiz em meus livros anteriores — selecionei alguns trechos reais de vários casos e os misturei. A quantidade de coincidências e de acontecimentos similares que encontramos nas **biografias humanas** que provêm de cenários parecidos me permite garantir que não tem muita importância dizer a quem pertence tal ou qual cena. Garanto que muitos dos leitores pensarão que alguém me contou detalhes da sua vida íntima, porque aqui estarão descritas passagens inteiras das suas vidas literalmente iguais. Na prática, as reações humanas ao desamor, aos maus-tratos e à crueldade não diferem tanto entre si.

Eu também queria que soubessem que há alguns anos começamos a utilizar **imagens** para descrever *cenários* e *personagens*. As imagens se transformaram em ferramentas importantes no traçado das **biografias humanas**, sobretudo para não nos perdermos em interpretações nem nos diferentes significados que cada um pode dar às palavras. As imagens são concretas e nos ajudam a observar as lógicas dos *personagens* em ação, em vez de nos perdermos nas explicações ou nos discursos enganados dos consultantes. As imagens não são um fim em si mesmas, mas uma ferramenta eficaz para estabelecer acordos com relação ao que encontramos e ao que estamos procurando na vida de cada indivíduo.

Neste livro — que poderia receber o nome de *Tratado convencional sobre a loucura* —, escolhi partir dos **três cenários habituais** relativos à **desorganização**, à **loucura** e ao **horror**. Nesses cenários podem surgir *personagens* diversos. O *personagem* é o sistema que cada criança encontrou para sobreviver à infância que teve. Assim como está descrito em *A biografia humana*, o *personagem* costuma ser escolhido pela mãe ou pela pessoa *maternante*. Durante a adolescência, nós o aceitamos ou o adotamos definitivamente para a vida adulta. Claro que nos confundimos, achando que o *personagem* é a *pessoa*. Mas não passa de um mal-entendido. O *personagem* é a **máscara** com a qual escondemos o tesouro da *pessoa* que somos e ainda não desdobramos.

Darei alguns exemplos de *personagens* utilizando — mais uma vez — imagens ilustradas pela artista **Paz Marí**, esperando que nos ajudem na compreensão de nós mesmos e dos outros. Essas imagens foram criadas tendo como referências as cartas de Tarô.

O SOLDADO RASO

Este personagem é um refúgio ótimo quando provimos do **caos emocional**, porque nos desliga de todo contato com o "si mesmo". Será suficiente responder disciplinadamente às solicitações do outro para obter paz e harmonia. É verdade que há cenários nos quais o

O SOLDADO RASO

autoritarismo e a rigidez são comuns, e, nesses casos, aprendemos a obedecer — portanto, é provável que surjam *personagens* desse tipo. Mas também acontece de essa obediência ser — ainda que não gostemos — um lugar de segurança, e, nesses casos, teremos a opção de nos rebelarmos, voar ou escolher exatamente o oposto. Por outro lado, quando **provimos do descontrole**, o refúgio consistirá em nos protegermos dentro de um **controle máximo**. Quem fizer isso nem precisará fazer contato com a imensidão do próprio universo emocional desconhecido. Isso não está em jogo. Os benefícios de nos convertermos em soldados fiéis são muitos: obtemos alívio e tranquilidade porque alguém se torna responsável pelos desejos. Não há surpresas. A disciplina e as hierarquias serão sempre as mesmas. Não nos faltará nada, porque seremos parte de um regimento. As desvantagens aparecerão quando desejarmos ter liberdade em qualquer área. Também é provável que essa liberdade incomensurável chegue até nós pelo destino: por exemplo, através de um filho muito diferente de nós, a quem não poderemos compreender. Uma sexualidade pobre, que não nos satisfaça. Uma oportunidade — profissional, social ou de qualquer âmbito — que se transforme em desafio por estar regulada por leis que saiam do nosso controle. Em qualquer caso, o personagem do soldado raso nos acalma diante da angústia sofrida durante toda a nossa infância pela colossal imprevisibilidade materna.

A MULHER DE GELO

O congelamento do universo afetivo funciona perfeitamente quando o horror foi comum durante a nossa infância, saibamos disso ou não. Se provimos de um inferno — quente —, nada melhor que nos esfriarmos ao máximo para não nos queimarmos, até não existirem mais vestígios de dor. As pessoas congelam as emoções e logo podem funcionar — nas relações afetivas, nas relações profissionais e dentro dos interesses pessoais — sem sofrer. Quando congelamos, não

A MULHER DE GELO

percebemos se machucamos alguém, porque quase sempre somos pessoas amáveis, atentas, servis e disponíveis. Nunca uma agressão, nunca um confronto ou um conflito. Os outros podem até mesmo afirmar que é impossível brigar conosco, já que exibimos um equilíbrio invejável. Os benefícios são todos para nós: não sofremos nenhuma dor. As desvantagens são para os outros, porque, nesse "não **sentir** o outro", nós o deixamos completamente fora do nosso campo de percepção. Não há nada que o outro possa fazer para nos envolver, já que continuaremos impávidos e estáticos dentro do nosso gelo emocional. Esse personagem permite que nos libertemos de sentimentos comprometidos, porque simplesmente **não os sentimos**.

TREM-BALA

Quando o horror é muito horroroso,* a fuga é uma boa estratégia. Isso é o que têm feito muitos de nós, desde a mais tenra idade. Sair correndo, fugir, sumir sem deixar rastros. Se essa foi a nossa reação automática, continuaremos a utilizá-la, já que deu bons resultados. Quando? Especialmente quando as instâncias de compromisso emocional pedem quietude para fazer contato com o outro. Isso sim dói. A aproximação emocional machuca, já que nos traz instantaneamente lembranças sensoriais de desamparo, violência e humilhação. Por ouro lado, enquanto estamos correndo em direção a lugar algum, acreditamos que o desamor não poderá nos alcançar. Esses *personagens* costumam estar camuflados em indivíduos que trabalham muito, têm ambições, responsabilidades e uma rotina diária carregada de problemas para resolver. Quer dizer, sempre há uma desculpa para correr.

---

* Tradução literal de: "Cuando el horror es muy horroroso." [*N. da T.*]

TREM-BALA

Descarregamos nosso excesso de energia, nossa ira ou nossas tensões por meio do treinamento físico. De fato, às vezes somos literalmente esportistas. Os benefícios são obtidos na vida profissional ou social, com o reconhecimento que traz consigo o fato de estarmos visivelmente em movimento. Essa energia nos renova, por isso, costumamos ser pessoas vitais ou divertidas. Pois bem. As desvantagens aparecem quando alguém requer de nós um encontro afetivo. Nessas ocasiões, nos sentimos prisioneiros e usamos qualquer estratégia para voltar a nos colocar rapidamente em movimento. A quietude e o silêncio são monstros que querem nos prender.

CHECKLIST

Já dissemos que a desorganização e a imprevisibilidade das nossas mães podem ter minado a confiança básica no percurso natural das coisas. O medo que conservamos diante dos movimentos descontínuos é tão grande que procuramos o máximo de ordem e precisão em todas as áreas da nossa vida, a ponto de somente nos acalmarmos quando cada coisa está em seu lugar: objetos da casa, horários para comer e dormir, rotinas obsessivas, repetição de rituais, detalhes imutáveis. Isso é um problema? Não, não há uma maneira boa ou ruim de viver. As pessoas que precisam checar se cada coisa está em seu lugar estão simplesmente procurando acalmar sua angústia. Há muitas pessoas que se beneficiam da nossa necessidade de controle, porque os outros podem relaxar sabendo que nós somos aqueles que checarão várias vezes se tudo está no lugar. Às vezes somos nós mesmos que sofremos, fechados em nossas inspeções intermináveis.

CHECKLIST

BOMBA

Provindo de cenários onde havia muita vitalidade (lembremos que, se a nossa mãe estava desorientada, é provável que tenha sido passional, namoradeira, calorosa e entusiasta), esse excesso de energia tinha de encontrar uma saída. Mas nossa mãe era a única habilitada a **descarregar** suas alegrias e tristezas, e as crianças eram obrigadas a estar em permanente alerta para interromper seus exageros, então, é possível que tenhamos nos acostumado a **aguentar**, colocando dentro de um grande recipiente emocional todas as emoções, até elas explodirem, de vez em quando. Uma verdadeira bomba.

O *personagem* tem pouca consciência do que lhe faz bem ou mal, do que gosta e do que não gosta, porque simplesmente aguenta. Reúne raiva, dor, medo, cansaço. Mas o refúgio funciona na medida em que garante **não descarregar** as emoções, já que contamos com experiência suficiente em relação às consequências da descarga da nossa mãe. Entretanto, acumular carga emocional sem ter consciência disso não faz mais que aumentar essa energia, ainda que não a vejamos. Com certeza, vai explodir — quando alguém sem querer tocar no fogareiro. Esse *personagem* tem poucas vantagens, porque os indivíduos sentem que nós somos um perigo. Mas não podemos controlar. Vamos explodindo aqui e ali. Nos tornamos imprevisíveis para nós mesmos, mas não podemos evitar. Não é um *personagem* sempre domado como os que descrevemos acima; ele faz grande esforço para se controlar, sabendo que em algum momento já não vai ser capaz de suportar esse nível de tensão.

BOMBA

DIVIDIDOS/AS

Muitos de nós se dedicam a desenvolver a mente colocando o foco na inteligência intelectual. Pois bem. Quando nosso *cenário* infantil foi emocionalmente sofrido, não é suficiente escapar em direção ao âmbito da inteligência, mas precisamos **cortar** qualquer vestígio de **contato** com nosso universo emocional. O *personagem* separa a mente — livre — do corpo físico e do corpo emocional. Pronto. Não há sofrimento, mas pensamentos dirigidos a lugares tão altivos que não passarão por nenhuma emoção relacionada aos territórios baixos.

Esses *personagens* se sentem confortáveis com seus pensamentos, teorias ou com a inteligência a serviço de problemáticas filantrópicas ou científicas de difícil solução. Nesse universo, separado do resto das miudezas humanas, estão bem. Garantem um âmbito limpo e matemático. Os benefícios estão presentes na medida em que não tenham de lidar com problemas da alma humana. Sem sentimentos nem dores do coração, as contas fecham. As desvantagens aparecem quando o destino os obriga a entrar em contato com uma perda, com necessidades emocionais próprias ou alheias ou com qualquer tipo de sofrimento afetivo. Nesses territórios, eles não sabem transitar, não contam com nenhum treinamento vincular. Ficam perdidos.

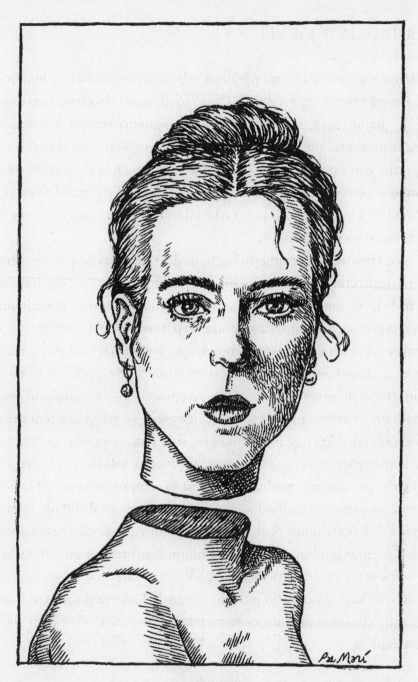

DIVIDIDA

FANTASMA/INVISÍVEL

Houve outro mecanismo para nos salvar das explosões da loucura da nossa mãe: **desaparecendo**. O caos ocupava tanto espaço em casa que, quando desaparecíamos de cena, ninguém percebia. Podíamos estar presentes ou não, ir para a rua e não voltar, nos trancar no quarto sem fazer barulho ou permanecer em cima de uma árvore até o anoitecer. Alguns familiares riam de nós, chamando-nos de "mudo". Efetivamente, quase não falávamos. Nem nos comunicávamos, nem aparecíamos.

Vou nomear, em primeiro lugar, as desvantagens do personagem invisível. Quando crianças ou adolescentes, não conseguíamos estabelecer amizades, porque as crianças tampouco percebiam nossa presença. Éramos uma **coisa** no pátio da escola, sem voz, sem expressão e sem desejos. Isso nos afundou em tristezas insondáveis e na sensação de não ter um lugar no mundo. Crescemos afastados do grupo de seres humanos que vivem suas vidas, estudam, trabalham, se relacionam, amam, se divertem, se reúnem e têm uma vida social. Algo que parece não ter sido feito para nós. O mundo vincular parece um mistério inalcançável. A solidão e a sensação de não pertencer a nenhum lugar estão sempre presentes. Os benefícios estão relacionados com **não ter responsabilidade sobre nada**. Não existimos, portanto, não estamos envolvidos nem temos de sustentar nenhuma relação, nenhum conflito, nenhum desafio. Todos esses problemas são delegados aos outros. O *personagem* invisível saiu do cenário para se salvar da loucura da mãe, e hoje em dia continua do lado de fora, incapaz de se envolver com algo ou alguém.

INVISÍVEL

TORRE DE CONTROLE

Este *personagem* é mais um mecanismo de controle para organizar o caos do *cenário* do qual provimos. A diferença é que precisamos nos posicionar **por cima** dos outros. Alcançamos uma categoria com certa hierarquia ou poder que nos permite observar de cima e ter sob estrito controle qualquer movimento próprio ou alheio. Claro que utilizamos este personagem quando temos capacidade de comando, autoridade sobre outras pessoas, inteligência para discernir o lugar que cada um dos nossos comandados pode ocupar e responsabilidade para assumir as consequências. Os benefícios são evidentes: dificilmente alguma coisa fica fora do nosso campo de visão. O controle é absoluto, e isso nos dá grande alívio. Quanto mais alto estamos posicionados e maior alcance atingimos sobre o território a ser controlado, mais segurança sentimos. As desvantagens têm a ver com a solidão. Chegamos até o topo porque ninguém vai controlar, organizar e sustentar uma vigilância completa como nós. Os sentimentos são ambivalentes, porque, de um lado, gastamos toda a nossa energia mantendo absolutamente todas as áreas sob controle excessivo e, de outro, quanto mais extensa for a área que controlamos, mais vulneráveis ficamos.

TORRE DE CONTROLE

AS IMAGENS SERVEM PARA QUÊ?

Ofereço estas imagens apenas a título de exemplo. Lógico que as pessoas são muito mais complexas que meros *personagens*. Detectá-los nos dá amparo ao longo da nossa **biografia humana**; é uma ferramenta que permite organizar a realidade sem precisar escutar o discurso enganoso do consultante. Porque cada *personagem* tem sua própria lógica, e uma vez que o encontramos, nos guiamos pelas opções reais que teve esse refúgio em vez de nos confundirmos com os relatos interpretados que as pessoas consultam.

Neste livro pretendo aprofundar ainda mais os alcances do **desamor materno**, por isso escolho compartilhar algumas **biografias humanas** de indivíduos cujas infâncias não só foram atravessadas pela solidão ou **pela incompreensão materna** — já que nesses casos estamos todos —, mas também por níveis de **crueldade e desorganização** que continuam provocando estragos até o dia de hoje. Peço desculpas pelo desencanto. É o que temos.

O caos

Milagros tinha 29 anos e um bebê de 8 meses quando nos consultou pela primeira vez. Morava em Cali, na Colômbia, e as consultas foram feitas por Skype. Ela procurou ajuda conosco porque foi diagnosticada com depressão pós-parto. Depois de uma breve conversa entre Milagros e a beagadora, começou a construção de sua **biografia humana.**

Milagros era filha única. Seus pais haviam se separado quando ela tinha 3 anos. Não tinha lembranças de seu pai, com exceção das imagens de algumas visitas a outra casa, com outra mulher. Ao abordarmos sua vida em casa sozinha com a mãe, apareceram as surras de vassoura e paus. Sua mãe a beliscava com tanta força que lhe deixava hematomas. Milagros se lembrava, aliás, de maquiar as marcas para ir à escola. A beagadora foi perguntando com delicadeza até que as lembranças emergiram aos montes: a mãe a trancava sozinha no banheiro, obrigando-a a ficar em pé dentro de uma banheira. Se Mili — cansada — tentava se sentar, ela voltava, furiosa, e lhe batia mais forte ainda. Também cortava o cabelo de Mili muito curto, bem masculino, e a acusava de ter olhos diabólicos. Obrigava-a estudar sem se levantar da cadeira e sem se mexer.

Perguntamos se alguma vez Mili tinha conseguido contar isso ao pai ou a outra pessoa. Ela negou enfaticamente, já que sabia que tinha de proteger a mãe. Explicamos com clareza que isso era o que a mãe dizia: que Mili tinha de protegê-la. Colocamos as palavras no nível da crueldade, já que, lamentavelmente, Mili não tinha sequer

CAOS

irmãos com quem compartilhar os castigos. Nesse ponto, o rosto de Mili se transformou, e ela garantiu que, embora a castigasse, a mãe era boazinha. Nós a acalmamos. Dissemos que não estávamos acusando sua mãe, mas tentando imaginar a vivência da menina que ela havia sido, e que compreendíamos que precisava defender a mãe, já que ela era tudo o que Mili tinha neste mundo.

Para determinar se a mãe era "simplesmente" cruel ou estava desequilibrada, fizemos perguntas específicas para discernir se Mili podia prever em que momentos a mãe ficava furiosa. Ela então respondeu com total segurança que era impossível saber, porque cada vez ela estourava por um motivo diferente. Não adiantava repetir o que funcionara em outra oportunidade, pois na oportunidade seguinte aquilo que a tinha acalmado se transformava em fonte de ira na próxima vez. Nunca era possível saber o que Mili tinha de fazer, já que os "motivos" pelos quais a mãe se acalmava ou ficava furiosa sempre mudavam.

Portanto, nos dedicamos a colocar palavras na vivência dessa menina, à mercê das explosões da mãe, sem contar com nenhuma referência que lhe trouxera alívio.

Tentamos investigar alguma coisa sobre sua escolaridade, mas em torno disso também havia um âmbito no qual havia proteção. Se alguma menina a convidava para ir brincar na rua de sua casa, a mãe proibia, portanto, ela quase não tinha relações com outras crianças. De fato, relatou uma cena — que nunca saberemos se aconteceu exatamente assim — na qual a mãe tinha deixado Mili ir a uma festa de aniversário, mas, quando voltou, apanhou tanto que nunca mais aceitou qualquer convite.

Por meio de muitas cenas similares pudemos determinar que, se Mili se animava ou gostava de alguma atividade, isso gerava uma explosão de fúria na mãe, e, lógico, imediatamente ela a proibia. A mãe não trabalhava, mas não sabemos se o pai lhes dava dinheiro ou qual era a situação. Mili não se lembrava de ter passado necessidades, ainda que a vida que levava fosse muito restrita. Somente comer, ir à escola, ver televisão e ficar trancada em casa.

Fizemos muitas perguntas, mas as respostas eram parecidas. Quanto mais horríveis eram as cenas, mais friamente ela as relatava. Havia momentos nos quais Mili respondia mecanicamente, como se não estivesse presente. Em outros momentos, chorava e dava detalhes sinistros de algumas surras. A mãe estava fora de si, aparentemente também muito sozinha, já que Mili não se lembrava da presença de familiares com os quais ela tivesse chance de se vincular.

Ao chegarmos a esse ponto — e depois de dois encontros —, mostramos a Mili **a imagem do caos** para concretizar as vivências dessa menina. Mili nos encarou, meio assombrada, meio temerosa. Então, falamos um pouco sobre a teoria dos **estragos psíquicos**, quando crescemos em cenários com uma mãe tão desequilibrada que nos usa como recipiente de descarga. O panorama inteiro é difícil. Explicamos que tentaríamos organizar e em seguida ver juntas como ela havia conseguido sobrevier a tanta loucura. Combinamos de nos rever uma semana depois.

Nas semanas seguintes, Mili teve todo tipo de mal-entendido com a secretária da Instituição. Reclamava disso, daquilo, queria outra consulta, depois não queria, depois pedia um relatório com o que havia sido conversado com a beagadora porque não se lembrava de nada, que já tinha pago a consulta, mas o comprovante de pagamento não aparecia. Assim se passaram seis meses.

Quando finalmente a recebemos, conversamos sobre a importância da organização necessária para esse processo de indagação pessoal, explicando que para o começo de uma **biografia humana** era recomendável manter os primeiros encontros com certa assiduidade. Pelo menos para saber se o que nós propúnhamos lhe serviria, se coincidia com suas expectativas e se era possível fazermos a indagação juntas. Notamos que ela estava visivelmente confusa, dando explicações diferentes das que tinha dado por escrito à nossa administração.

Decidimos fazer um resumo sobre o que tínhamos organizado nos primeiros encontros em relação ao desequilíbrio de sua mãe, à desordem emocional e às consequências óbvias da **desestruturação psíquica** sobre a menina que ela havia sido. Voltamos a colocar sobre a mesa algumas cenas da infância e continuaram aparecendo lembranças do mesmo teor: a mãe batia nela no chuveiro, a chutava em seu quarto e a deixava trancada sem comer por horas.

Na escola, era uma aluna ruim. A mãe dizia que era burra, e ela acreditava. Entretanto, revelamos a Mili que, nessas condições de alerta e medo, não havia espaço para se concentrar nos estudos. Não era um problema de falta de inteligência, mas sua realidade emocional consumia todos os seus recursos.

Os maus-tratos extremos duraram até os 18 anos. Ela se lembrava de ligar para o pai pedindo para ir morar com ele. O pai disse que não, mas começou a lhe mandar dinheiro. Mili saiu da casa da mãe em condições que — contando apenas relatos de confusões — não conseguimos organizar. Alugou um quarto em uma casa de família. Lá, conheceu um rapaz (filho dessa família) com quem manteve o primeiro envolvimento sexual. Por mais que fizéssemos muitas perguntas, as respostas de Mili sobre essa relação eram não só contraditórias como pouco críveis. As descrições relativas a todos os homens com os quais ela havia saído a partir do momento no qual "se libertou" da loucura da sua mãe eram estranhas. Que ela decidira se vingar de todos os homens. Que os homens eram todos maus. Que a usavam. Enfim, mostramos a Mili que, por ora, tínhamos uma menina à deriva, com pouquíssima estrutura emocional, sem experiências vinculares de nenhum tipo além da **desorganização afetiva de sua mãe**. Com esse panorama, duvidávamos de que ela tenha conseguido estabelecer algum vínculo mais ou menos estável com algum homem além do contato sexual, para o qual não é necessário quase nada além de ir para a cama. Por outro lado, as interpretações estranhas que Mili conservava dessas relações pareciam mais fantasia do que realidade.

Não conseguimos compreender como aconteceram os fatos, mas ela acabou fazendo consultas com psicólogos e médicos que lhe receitaram medicação. Começou ingerindo ansiolíticos, e logo a mistura de remédios foi aumentando. Perguntamos se atualmente estava medicada, e ela efetivamente estava ingerindo um arsenal de remédios "contra" a depressão pós-parto. Quanto mais tentávamos organizar as cenas, as consultas específicas aos profissionais ou as relações com alguns dos homens, mais Mili ficava mais confusa. Não sabíamos se era consequência da loucura da mãe que a havia obrigado a **deturpar a realidade** desde criança ou se era efeito da medicação. Em todo caso, estávamos tentando descobrir se Mili tinha conseguido organizar algum *refúgio*, mas não o encontramos. Ela parecia estar em uma **desorganização psíquica** parecida com a da mãe, mas sem descargas de ira. À medida que tentávamos avançar na investigação, mais confusões e contradições apareciam.

UMA PAUSA PARA REFLETIR COM FARO DE DETETIVES

Em todos os casos, questionamos nosso trabalho. Porque a **biografia humana** tenta organizar o que há para ser visto com olhos abertos para a realidade. Quando um indivíduo **alimenta a deturpação da realidade** porque essa é a organização óbvia daquilo que existe — que é insuportavelmente dolorido —, estamos apontando para objetivos opostos. Poderíamos dizer que não há acordo para construir a **biografia humana**. Isso é o que pretendíamos explicar a Mili para sermos totalmente honestos, seja para continuar com a indagação ou não. Não estávamos completamente certos de que Mili compreenderia a proposta, já que, de cara, fazia perguntas que não tinham nada a ver com o que estávamos conversando.

No encontro seguinte, propusemos avançar na cronologia, fazendo um rascunho da sua vida adulta — entre os 20 anos e a atualidade —, já que tinha um bebê de pouco mais de 1 ano e uma suposta depressão pós-parto, que — observando o panorama real — não era nem remotamente o problema mais sério.

Ao que parecia, ela havia tentado estudar para várias carreiras, mas não conseguimos determinar se esses relatos eram verdadeiros ou inventados, porque, quando nos interessávamos por esta ou outra carreira e fazíamos perguntas relativas aos estudos, as respostas eram inverossímeis. Segundo o que ela dizia, o pai pagou os seus estudos. Começou cursos tão diferentes como sociologia, paisagismo, jornalismo e design gráfico, mas nós duvidávamos da veracidade dessas afirmações. Também houve relatos sobre relações com homens, mas foi difícil estabelecer o que era verdade e o que era fantasia, porque as histórias estavam cheias de interpretações novelescas. Sobretudo porque ela falava com desprezo de todos os supostos namorados, narrando as circunstâncias nas quais eles a haviam decepcionado, e se via na obrigação de abandoná-los. Também garantia que depois de cada fim de relacionamento ela ficava deprimida e precisava voltar a tomar medicação. Nesse ponto já não contávamos com outras referências para organizar a informação; ela sequer se lembrava dos períodos de maior ingestão medicamentosa. Dissemos delicadamente a ela que estávamos caminhando nas trevas e que suspeitávamos de que a **biografia humana** talvez não fosse o sistema de que ela precisava, já que nós procurávamos organizar e não sabíamos se poderíamos contar com ela para conseguir isso. Por isso, explicamos a ela que nos dedicaríamos a desmontar e voltar a juntar as peças de cada pequeno relato até constatar se se encaixavam em algo lógico ou não e que seríamos absolutamente honestas com ela nesse ponto. Era provável que nos despedíssemos logo.

QUANDO O CAOS NOS CONSTITUI

A questão é que a quantidade de trabalhos — dos mais diferentes tipos — e de relações com diferentes namorados era tão pouco crível que decidimos focar — como último recurso — no vínculo com seu marido e pai de seu filho Francisco. Acontece que o marido era dono de um empreendimento no qual Mili aparentemente tinha trabalhado, 22 anos mais velho que ela, casado e com três filhos adolescentes. Dissemos que nos chamava a atenção o fato de ela não mencionar isso no começo da indagação — quando dedicamos um tempo a nos apresentarmos e contar brevemente quem somos. Então, ela relatou episódios estanhos sobre maus-tratos por parte do marido, e nós não conseguíamos compreender como acabaram morando juntos. Mili descrevia as cenas com riqueza de detalhes, e era uma engenharia delicada separar os cenários reais da interpretação que ela acrescentava aos fatos. Tentamos saber como eram, concretamente, os maus-tratos que seu parceiro praticava contra ela, mas as respostas eram contraditórias. À medida que avançávamos, ficávamos cada vez mais seguros de que a **deturpação da realidade de Mili era um fato**. Ela contou alguns episódios sobre agressões do marido depois que o filho nascera, mas era impossível montar com Mili uma cena completa, já que, quando tentávamos, ela mudava o argumento. Tentávamos estabelecer em que circunstâncias o homem tinha deixado a ex-mulher com os três filhos, que vínculos continuava mantendo com eles, quais eram os acordos dentro da relação com Mili e se a gravidez havia sido minimamente planejada, mas Mili se enroscava em explicações incompreensíveis. Quando conversávamos com paciência e lhe mostrávamos as contradições, Mili admitia tudo, se acalmava por um tempo, olhando para o papel no qual estávamos organizando as datas, nomes e acontecimentos. Também utilizávamos palavras nomeando suas prováveis explosões automáticas, o que Mili aceitava com naturalidade, como se falássemos sobre o clima: "Sim, sim, eu surtei e o mordi" era uma resposta habitual.

Então, decidimos voltar a usar **a imagem do caos**, porque já não era mais a mãe, mas sim **ela mesma** que havia adotado — para não sofrer — o costume de **não entrar em contato** com a realidade, mudando permanentemente seu registro. Para nós era complexo saber fidedignamente o que Mili gerava nas suas relações — sobretudo as íntimas —, mas suspeitávamos de que o seu filhinho estivesse correndo perigo real. Também percebíamos que Mili não tinha conseguido encontrar **nenhum refúgio**. Em parte porque fora filha única e porque a mãe — além de sua loucura — a mantivera praticamente prisioneira. Essa era a origem da enorme **desordem emocional** de Mili.

Voltamos a observar com ela **a imagem do caos** e a nomear que não só ela deturpava a realidade como deveria somar a ingestão de medicação psiquiátrica de tantos anos. Também mostramos que, quanto mais tentávamos organizar algum relato, mais ela se desorganizava. Estávamos tentando cotejar e comparar seus dizeres com os fatos concretos. Por exemplo: o marido visitava os filhos mais velhos? Mili os conhecia? Ela se vinculava com mais alguém, em especial no último ano, com o bebê no colo? Ainda não tínhamos abordado cronologicamente a gravidez, nem o parto ou o pós-parto de Mili, mas não podíamos avançar enquanto constatávamos que a desorganização mental e emocional de nossa consultante era uma barreira para seguirmos adiante com a **biografia humana**.

Curiosamente, ela se acalmava ao observar a **imagem do caos**, que estava sempre disponível na tela do computador.

Acreditávamos que essa imagem condensava uma sensação real e permanente em Mili. Explicávamos a ela que nosso trabalho se tornava difícil pelo nível de **deturpação** e pela maneira como Mili acomodava os relatos conforme mudava o vento. Então, ela começou a chorar, dizendo que nunca ninguém, em nenhuma das infinitas terapias que ela havia experimentado, dissera algo assim. Que tudo isso fazia sentido e que, efetivamente, ela se sentia perdida. Foi um breve momento, no qual a beagadora a sentiu conectada. Então, perguntamos o que ela estava disposta a fazer, porque não era fácil para nós ajudá-la. Continuou chorando e confessando que tinha sentimentos horríveis para com seu bebê. Que não o aguentava. Que se sentia sozinha e perdida e que não sabia o que fazer. E que precisava da nossa ajuda desesperadamente.

Propusemos mais alguns encontros, somente para desmontar relatos e voltar a montá-los conforme alguma lógica, o que fosse. Insistíamos que só iríamos propor olhar para **a distância entre os relatos que ela inventava e a provável realidade**. A princípio, era tudo o que achávamos que podíamos oferecer, longe de pretender que ela se organizasse, que tratasse bem o filho ou tivesse alguma conversa honesta com seu marido — uma pessoa muito vaga **para** nós, já que nem sequer estávamos muito certos de que ele existia.

COM PACIÊNCIA E COMPAIXÃO

Tivemos vários encontros, todos esgotantes. Em cada um deles fomos perguntando minuciosamente sobre o seu marido, sobre a ex-mulher do seu marido, sobre cada um dos filhos mais velhos. Mais uma vez, os relatos eram disparatados, até que conseguíamos — como um detetive — acrescentar cenas prováveis, esperando que Mili pudesse confirmar alguma delas. Depois de várias tentativas observando juntas cada cena e chegando a conclusões que Mili aceitava, cheia de alegria porque se encaixavam de alguma maneira na realidade, e depois de muitas explicações pacientes e honestas, nos despedimos. Marcamos uma data para o último encontro. Voltamos a rever tudo o que tínhamos compreendido dessa **biografia humana**. Propusemos outros sistemas de acompanhamento para sua vida cotidiana. Até que chegou o último encontro combinado, dando fim ao que havia sido uma longa e preparada despedida.

Curiosamente, pouco tempo depois, Mili pagou, por meio da nossa administração, uma quantia que não havia sido considerada. As secretárias perguntaram se tínhamos mudado a política institucional, porque havia sido transferido um montante de dinheiro grande, fora do comum. Temos muito cuidado com os acordos que estabelecemos entre o beagador e o consultante, portanto, jamais diríamos a alguém que deve comparecer mais dez vezes.

Com essa reação automática de Mili, confirmamos não só sua **desordem psíquica e emocional**, mas também que os indivíduos impõem — quando o outro não existe no nosso campo de percepção — uma **violência invisível**, mecanismo que está descrito em meu livro *Adicciones y Violencias Invisibles*. Estava claro que Mili sequer podia compreender pedidos ou acordos simples. E que, sem esses mínimos acordos, nosso trabalho não tinha validade. Portanto, nos encontros seguintes — que ela pagou adiantado sem combinar com sua beagadora —, voltamos a colocar sobre a mesa tudo o que tínhamos revisto.

Em alguns momento Mili arregalava os olhos e parecia estar ouvindo algumas propostas — já ditas anteriormente — como se fosse a primeira vez. Aproveitamos para esmiuçar as cenas de sua vida cotidiana **do ponto de vista do bebê** que ela tinha sob sua responsabilidade. A realidade era de pouca esperança. Era evidente que Mili não contava com nenhum recurso emocional para cuidar de sua cria. Entretanto, abordando cenas pequenas e muito simples, oferecemos recursos como, por exemplo, tentar ter companhia para não passar tanto tempo sozinha com seu bebê e registrar, juntos, quais decisões ela era capaz de tomar quando se conectava emocionalmente com ele. Houve pequenas conquistas em relação a conversas com seu marido, ela retomou uma relação de amizade com uma moça que tinha um bebê da mesma idade e as duas programaram passar algumas tardes juntas. Não mais do que isso. Mili percebia que, com movimentos mínimos de calma e lucidez de sua parte, o bebê respondia melhor. Mas eram fios soltos, nos quais ela não conseguia se prender. Fomos preparando a despedida — desta vez com ênfase e sem voltar atrás — durante dez encontros. Até que chegou o dia.

DAR NOME ÀS COISAS TAL QUAL ELAS SÃO

Pelo menos Mili havia contratado babás, reconhecendo que não podia cuidar de seu bebê, mas poderia tentar conseguir ajuda. Nós a incentivamos a procurar apoio extra em sua cidade, já que por sorte tinha dinheiro para isso. Terapias de contenção, babás, acompanhantes terapêuticos ou o que lhe desse conforto para que não tivesse de deturpar a realidade de maneira automática.

A beagadora estava com um nó no estômago quando se despediu dela. Sabia que estávamos deixando **uma mulher desequilibrada cuidar de um bebê, o que era um risco**. O que mais poderíamos fazer? Havia alguma esperança de que essa mulher recuperasse a lucidez? Nesse ponto, agora só temos algumas hipóteses. Claro que já tínhamos carinho por Mili, com seu desespero e a intenção de criar seu filho melhor do que ela havia sido criada.

Recomendo olhar com o zoom mais aberto possível. Duvido que Mili alguma vez possa mudar radicalmente seu contato com o que há, porque **a deturpação da realidade salvou sua vida**. Também a enlouqueceu. Mas é isso? Ela tem culpa? Não, mas tem responsabilidade, como teve sua mãe, que certamente passou por situações ainda piores quando criança, e a avó, pior ainda, em toda a cadeia ascendente, por **gerações e gerações de desamor e terror**.

Em algum momento teremos de interromper essa loucura transgeracional. Como? Tentando **nomear as coisas como elas são**. Com Milli, não poupamos palavras. Nomeamos várias vezes não só o horror das suas vivências, mas também a defasagem constante entre a realidade e as interpretações dessa mesma realidade. Algumas vezes, Mili fazia contato com o que lhe mostrávamos, e ficava feliz. Outras vezes, estava empenhada em se defender com seu personagem: o do caos permanente. O trabalho que fizemos serviu para alguma coisa? Não sei. Talvez não. Mas quero demonstrar **os estragos do desamor sobre as criaturas** e suas terríveis consequências através das gerações.

Mili estava desequilibrada, mas não era capaz de fazer o mal além de enlouquecer o próprio filho. Outros indivíduos com o mesmo nível de desequilíbrio, mas com mais carisma, conseguem chegar a instâncias de poder nas quais podem fazer mal a coletividades inteiras, impondo, com discursos de alto impacto, crenças totalmente **distorcidas da realidade**. Esses mecanismos são os que aprendemos a cotejar, já que a aproximação entre discurso e realidade é responsabilidade de todos.

A leitura como refúgio

Ignacio era argentino, mas as consultas se realizaram com ele em Madri — por Skype —, onde ele morava. Um homem amável, de 39 anos, que tinha vivido em diferentes lugares por motivos profissionais: Cidade do Cabo, Londres, Luxemburgo. Fazia quase um ano que havia chegado a Madri, e estava encantado. Estava cansado e sem filhos, ainda que sua mulher tivesse vontade.

Dedicava-se à informática, mas se considerava um explorador. Havia transitado por diferentes terapias, mas dizia que era invadido por uma angústia existencial e que tinha tendência à depressão. Não compreendia por que — apesar de ter feito tanta análise — a angústia continuava. Portanto, de comum acordo, começamos a **biografia humana**.

PROCURANDO A CONEXÃO ENTRE AS VIVÊNCIAS INFANTIS E AS ANGÚSTIAS ATUAIS

Seus pais tinham tido uma origem humilde do sul de Buenos Aires. Os relatos sobre a família do pai eram confusos, portanto, nós os deixamos em paz. A família da mãe havia emigrado do estado de Catamarca em circunstâncias de pobreza extrema, ainda que a mãe tivesse nascido em Buenos Aires, sendo uma das filhas mais novas. A mãe e o pai se conheceram trabalhando em uma fábrica de alimentos. Tiveram três filhos homens, e Ignácio era o do meio.

A LEITURA COMO REFÚGIO DO CAOS

As lembranças sobre a infância eram poucas e confusas, mas, com perguntas específicas, conseguimos saber que a mãe reclamava muito da falta de dinheiro. Ele não lembrava de a mãe ter trabalhado depois do nascimento dos filhos. Moravam em uma casa pequena e desconfortável. Pouco a pouco, foram aparecendo cenas de violência física entre a mãe e o pai — como era de se esperar — e também bastante violência sobre os três meninos. Ignacio não tinha lembranças posteriores do irmão menor, que foi o que mais se "revoltou". Segundo a mãe, o caçula era "o pior" dos três e quem recebia as piores surras.

Fomos organizando as cenas com paciência, tentando montar a figura da mãe. Assim, apareceram lembranças sobre a **imprevisibilidade** de suas reações, sobretudo porque ela, às vezes, ofendia o pai e o acusava das piores desgraças, mas, outras vezes, o defendia e dizia às crianças que elas tinham de respeitá-lo e admirá-lo.

Seus pais conservavam amigos da época de militância, ainda que a infância de Ignacio tivesse transcorrido durante a ditadura na Argentina. As crianças conheciam a importância desses amigos para a vida afetiva de seus pais, mas havia algo que acontecia com relação aos amigos que fazia o casal brigar e trocar acusações. Outra lembrança que apareceu foi o fato de Ignacio nunca ter visto seus pais dormirem juntos, ainda que continuassem casados até a atualidade. Fomos observando que, nesse cenário, **as mudanças de humor da mãe** ocupavam todo o espaço.

Aos 15 anos, mudaram-se para um apartamento melhor, em um bairro de classe média. Ignacio foi transferido para uma nova escola, mas isso não lhe trouxe nenhum inconveniente. Nesse período, a mãe era uma mulher exuberante, na opinião dos colegas de Ignacio. Quando vinham rapazes estudar em casa, ela se transformava e se mostrava simpática e liberal. Ignacio ficava confuso, porque, enquanto ele guardava rancor pelas explosões frequentes da mãe, seus novos amigos o invejavam por ter uma mãe tão jovem e bem-disposta. Eram os anos da democracia florescente na Argentina, durante os quais a mãe tinha voltado a militar em um partido de esquerda. Lá a mãe desdobrava sua energia em discussões acaloradas com outros militantes. Ignacio era testemunha das mentiras frequentes da mãe sobre histórias do passado que não existiam. Ele percebia que a mãe queria passar uma imagem de si mesma que não tinha a ver com a realidade, e isso o deixava perplexo.

Ignacio começou a se refugiar na leitura. Lia especialmente contos fantásticos, sobretudo porque a casa se enchia de amigos da mãe e ele encontrava tranquilidade no quarto que dividia com os irmãos. Ficava confuso com o fato de a mãe preparar comida quando vinham os amigos, mas não manter nada na geladeira durante semanas inteiras se não havia visitas. O pai chegava muito tarde, e Ignacio não tinha lembranças dele jantando em casa, mas tanto ele quanto os irmãos, em algumas ocasiões, iam até uma lanchonete trocar uma revista por um sanduíche. Essas lembranças eram difusas; a única coisa de que Ignacio se lembrava com total clareza era a raiva pela diferença que a mãe fazia entre os amigos e seus próprios filhos. Quanto mais raiva sentia, mais se trancava em seus pensamentos e livros.

Propusemos a Ignacio que trabalhasse com a imagem do **caos com refúgio na leitura**. Ele nos encarou com atenção e surpresa, dizendo que essa imagem transmitia com clareza sua vivência interior desde sempre. Mais ainda, disse que às vezes imaginava — no âmbito da fantasia — que ficava com seus livros e podia permanecer ali, encolhido entre as folhas, sem precisar voltar jamais. Até havia escrito alguns contos de ficção científica, nos quais um homem se transformava em folhas escritas e, nessas folhas, voava para outros mundos. Achou engraçada a coincidência. Isso confirmou que estávamos encontrando os refúgios a que haviam servido no passado.

Revendo mais cenas da juventude de Ignacio, fomos reconhecendo que já nessa época ele tinha *crises de angústia* parecidas com as que enfrentava atualmente. Às vezes, o peito apertava, e ele não conseguia respirar; outras vezes, o estômago fechava, e ele não conseguia comer, ainda que os sintomas fossem imperceptíveis para os outros. Ignacio tinha plena consciência de que estava angustiado, mas não conseguia explicar o que acontecia, sobretudo quando a mãe estava feliz. Pudemos perceber que, nessas ocasiões, ele se sentia invisível aos olhos dela, que ficava envolvida e excitada com sua própria alegria.

A mãe dizia que Ignacio era "sombrio", ainda que conservasse boa relação com os irmãos e alguns amigos íntimos. Estudou informática, e os computadores se transformaram nos seus melhores aliados. Passava horas investigando e lendo tudo o que estava ao seu alcance. Revisitamos alguns namoros, sobretudo com uma moça que tinha tido uma infância solitária, com quem Ignacio manteve uma relação de apoio mútuo entre os 20 e os 30 anos. Não foi um grande amor, mas uma grande parceira. Ignacio trabalhava em empresas interessantes, e — ainda que durante alguns anos tivessem morado juntos — o acordo básico do casal dizia respeito aos espaços pessoais de cada um. Para Ignacio, os momentos de leitura, estudo e descanso eram sagrados.

Aos 30 anos, recebeu as primeiras ofertas para crescer profissionalmente, mas precisaria se mudar para a África do Sul. Isso coincidiu com o final do namoro, portanto, não demorou para tomar a decisão. Nesse momento, as *angústias existenciais* diminuíram. Agora ele podia vislumbrar que essa era uma oportunidade para abrir as portas de seus refúgios emocionais, mas ao sair encontrava o **caos emocional**. Uma desorganização estava desde sempre no mesmo lugar: no seu próprio universo.

Por mais que sua cabeça indicasse que tinha de fazer essa experiência, já que a oferta de trabalho era excelente, a angústia não o deixava agir. De fato, nesse período consultou alguns psicólogos e médicos. Estava assustado não só pelas angústias, mas porque estas estavam se tornando limitações reais.

A SEXUALIDADE RELEGADA

Nesse ponto, já havíamos nos encontrado algumas vezes e propusemos a Ignacio — que era um jovem lúcido e racional — que tentássemos pensar juntos na lógica que se impunha. A mãe tinha vivido entre fantasias e desejos inalcançáveis, mas não havia sido uma infância horrorosa. Entretanto, fora suficientemente desestabilizadora, a ponto de Ignacio precisar procurar um refúgio eficaz e organizado: a leitura, a informática e tudo que se referisse à área do racional. Era metódico no trabalho e na forma de organizar os pensamentos. Selecionava com esmero suas relações afetivas. Até aí, as contas fechavam. Enquanto ele mantivesse as coisas sob controle, se sentiria seguro. Por outro lado, qualquer acontecimento que estivesse fora de seu controle o angustiaria. Propusemos ampliar a hipótese da nossa investigação, já que a vida estava cheia de acontecimentos pouco organizados, sobretudo no universo emocional. Estava claro que no âmbito afetivo Ignacio estaria perdido feito uma criança em uma floresta escura. Era provável que o terreno de sua sexualidade ainda estivesse inexplorado, porque são experiências que pertencem a águas escuras, profundas e misteriosas. A proposta da viagem a um país estranho lhe dava um empurrão em direção ao "si mesmo" desconhecido. Ele podia encaixotar essa experiência dentro do seu âmbito conhecido e mental — trancando-se exclusivamente no trabalho —, ou podia transitar pela primeira vez em um território fora do *bunker* porque já não precisava tanto dele como quando era criança e a mãe impunha suas vontades e pretensões.

Ignacio ficou um tempo em silêncio. Depois, murmurou que sua sexualidade era "um problema", mas que nunca a tinha tratado em nenhuma terapia. Para dizer a verdade, não era um problema para ele, mas sim para sua mulher, que dizia não se sentir desejada e que Ignacio parecia estar em um mundo impenetrável para os outros. Nós compreendemos. Imaginamos que, quando alguém está confortável em seu *bunker*, não abre as portas para ninguém. Ignacio começou a rir; agora via a questão com clareza. Era como sua mulher dizia. Quanto mais sua mulher tentava "entrar", mas ele fechava as comportas.

Estava certo ou errado? Não nos interessava. Quando era criança, esse automático de fechar as portas para o mundo afetivo lhe servia, e muito. Lembrou que, às vezes, a mãe o chamava de "mudo". Sim, efetivamente quase não falava com a mãe, só se fechava em ira e dor. Acontece que isso o salvara quando era criança, mas agora o lançava a uma distância emocional que já não lhe servia como antes. Estávamos revendo esses mecanismos, e logo Ignacio podia fazer o que quisesse.

Posteriormente, houve vários encontros destinados a organizar lembranças e cenas nas quais se confirmava — cada vez mais — que seus livros e o trabalho lhe garantiam o conforto e a ordem de que precisava para não ter surpresas. Também encontrou coincidências entre os momentos de instabilidade emocional e a aparição de suas *angústias existenciais*, como ele as chamava. Observamos cada acontecimento até estarmos certos de que as peças se encaixavam: os episódios de angústia apareciam quando "ele ficava sem chão" por causa de sua frágil estrutura emocional, mas também percebemos que a sensação ruim passava quando ele conseguia voltar ao *bunker*.

Seu primeiro destino foi a Cidade do Cabo, onde rapidamente se instalou. Ele adorava o lugar, as pessoas, o trabalho, o chefe e o grupo de profissionais da informática. Passou — segundo ele — os melhores seis meses de sua vida, até que seu chefe foi enviado para Londres e a equipe de pesquisa foi desmontada. Seu emprego estava garantido, mas ele começou a ter dificuldades para respirar, teve eczemas na pele e problemas digestivos. Isso durou até Ignacio pedir uma licença médica e ficar trancado em casa, confortando-se nas leituras e rotinas, até que, aos poucos, foi recuperando a harmonia perdida. Vendo a situação desse prisma, agora estava claro que o *bunker* funcionou. Mas nessa época a angústia invadia seus pensamentos, e ele não encontrava a saída.

De todas as maneiras, foi um período que Ignacio descrevia como uma "fase boa". Ele encontrava paz e sossego em seu apartamento impecável, no qual ninguém, absolutamente ninguém, entrava; ao mesmo tempo, saía sem compromisso com muitas mulheres, entre elas Sofia, que acabou se tornando sua mulher. Sofia também era argentina, mas havia crescido na Alemanha e estava na África do Sul em um intercâmbio com a escola de teatro. O curioso é que Sofia era estabanada. Passional. Exuberante. Mutante. E divertidíssima.

Coisas do destino. Ignacio se sentia fortemente atraído por Sofia, mas uma parte de seu "si mesmo" tinha medo. Era compreensível. Passaram oito anos. Ignacio se afastava de Sofia toda vez que sua carga emocional o queimava por dentro. O jeito que encontrou de se afastar foi aceitar os diversos destinos que a empresa impunha, enquanto Sofia se acomodava: às vezes, ela podia acompanhá-lo, outras vezes, a viagem não coincidia com seus próprios compromissos. Era evidente que Sofia trazia a Ignacio a cota de amor, ternura e disponibilidade de que ele precisava, mas ele também sentia o perfume do desequilíbrio e a exuberância da mãe, coisa que — sem perceber — o obrigava a se separar dela quando sua simples presença o sufocava. Um bom jeito de se distanciar era esfriar a vida sexual. Ou se perder em seus becos mentais.

Passaram-se uns meses até que Ignacio voltou a se comunicar conosco. Nesse lapso, tinha pensado em sua mãe e no desequilíbrio que havíamos descrito juntos. Precisou processar essa nova maneira de lembrar de si mesmo, aceitando que cada peça se encaixava com precisão. Também reconhecia seus refúgios mentais e as reclamações da mulher cada vez que ele entrava em seu mundo impenetrável. Sofia era sociável e simpática, mas Ignacio se resguardava em sua austeridade sexual. Ele começou, então, a aceitar os pedidos de Sofia sobre a vida sexual e o desejo de ter filhos, coisa que Ignacio achava assustador. Nossa proposta foi continuar observando se esse refúgio que fora sua salvação quando criança o estava impedindo de amadurecer e amar com toda a capacidade de um homem adulto. Confiávamos que, conhecendo e compreendendo como haviam se originado seus obstáculos emocionais, ele seria capaz de se abrir ao amor e à troca prazerosa.

O vulcão

Mercedes entrou em contato de Valparaíso, no Chile. Tinha 42 anos, uma filha de 6 e um filho de 3. Lera quase todos os meus livros, portanto, já sabia que havia passado por uma vida difícil e não queria transmitir sua raiva e impaciência aos filhos. Como ela sabia do que tratava a **biografia humana**, nós começamos logo.

VIVÊNCIAS INFERNAIS

Sua mãe provinha de uma classe social muito baixa e não tinha terminado o Ensino Fundamental. Trabalhara como faxineira desde os 14 anos, até se casar com o pai de Mercedes, que já tinha montado seu próprio negócio no ramo da eletricidade. Teve quatro filhos: um homem e três mulheres. Mercedes era a mais velha das mulheres. Seu pai já havia sido casado, mas Mercedes só teve essa informação na adolescência, quando soube que tinha três irmãos mais velhos por parte de pai.

A infância de Mercedes e de seus irmãos foi marcada pelo **alcoolismo da mãe**, suas depressões e ameaças. Cada vez que seus pais brigavam, logo vinha a ingestão de medicamentos, e a mãe era capaz de passar dias trancada no quarto. Entretanto, esses eram momentos de calma em comparação com os períodos de lucidez nos quais a mãe batia nas crianças com força — somente nas três filhas mulheres. O irmão não estava em casa nesses momentos, e Mercedes não

VULCÃO

se lembrava por quê. Depois das surras, às vezes, o pai as "resgatava", levando-as para um passeio, mas, imaginando juntas o panorama, dissemos a Mercedes que não se tratava de nenhum resgate, já que a violência em casa era permanente. Devia estar acontecendo outra coisa.

Perguntando mais detalhadamente, soubemos que aos 8 anos ela cozinhava, limpava a casa, lavava e passava roupa para o pai, sendo responsável pelo funcionamento completo do lar. Não tinha amigos na escola, sem se lembrar por quê, mas se lembrava da sensação de se sentir "pouca coisa".

Tentamos procurar cenas e situações concretas de sua infância. Apareceram lembranças das revistas pornográficas que ficavam ao alcance das crianças, e dos pais trocando xingamentos. Foram necessários vários encontros para organizar cenas estranhas, porque nem todas respondiam às suas próprias lembranças. Perguntamos objetivamente sobre possíveis abusos por parte do pai, e — como é habitual — as lembranças eram confusas. Mercedes misturava a atualidade com tempos passados, portanto — para limpar o cenário —, tentamos situar cada acontecimento em seu tempo e lugar.

Mercedes nos contou que "resolver" essas cenas do passado a deixava com uma sensação estranha. De fato, ela sempre se sentira diferente do restante das meninas. Fomos escolhendo palavras precisas para esclarecer as dinâmicas aparentemente passionais e violentas entre o pai e a mãe, que obrigavam as crianças a participar delas, mesmo que ainda não saibamos com que carga de perversão. Curiosamente, Mercedes tinha lembranças positivas do pai, nomeando-o como bonzinho e carinhoso, mas isso não encaixava no *cenário* que estávamos vislumbrando. Ela tentou justificar as atitudes do pai algumas vezes, mas a realidade se impunha.

Ao final, ela teve de reconhecer os abusos do pai e as alternâncias entre as surras da mãe e os períodos de bebedeira, que podiam durar dias. Propusemos observar juntas a imagem do inferno. Sim, ela se encaixava nas sensações internas. Alguma coisa queimava dentro dela.

EXPLOSÕES PARA DRENAR A VIOLÊNCIA

Tentamos imaginar que opções ela teria, partindo de um *cenário* abrasador. Potência. Paixão, energia, calor, sexualidade, desejos ardentes. Era provável que ela tivesse crescido explodindo, como fizera sua mãe. Com essa hipótese, e com Mercedes concordando que talvez as vivências tivessem sido piores do que tínhamos conseguido organizar, propusemos avançar na cronologia de sua vida.

Então, ela nos relatou que, quando tinha 13 anos, seu pai faleceu, em consequência de um AVC. Como é que ela não contara isso antes? Explicamos que podíamos compreender a idealização que tinha construído ao redor da figura do seu pai, já que ele partira cedo, mas agora duvidávamos ainda mais das suas lembranças. Segundo o discurso enganado de Mercedes, "a partir desse momento comecei a ficar brava com a vida". Respondemos que essas palavras, possivelmente, tinham sido ditas pela mãe. Na verdade sua vida era muito difícil antes da morte do pai. Pelo menos prestaríamos atenção à coincidência com a nossa hipótese: a braveza e as explosões podiam perfeitamente ser um mecanismo de sobrevivência, em clara identificação com sua mãe.

Aos 15 anos, Mercedes já tivera o primeiro namorado e as primeiras experiências sexuais. Essa relação foi pontuada por brigas terríveis, pancadas e reconciliações. Ela reproduzia o que havia aprendido. Estávamos olhando para o **fio das explosões violentas**. Explicamos a Mercedes que, em meio ao inferno de quem explode mais, aquele que explode antes, explode melhor. Por isso compreendíamos perfeitamente suas reaçoes, habilitadas desde sempre, mas consolidadas enquanto ela foi crescendo e adquirindo poder na área das decisões. De fato, desde jovem ela tomou as rédeas do tratamento psiquiátrico da mãe, sem nem ao menos ouvir as propostas das irmãs. Por algum motivo, o irmão mais velho ficara fora do mapa.

Mostramos a Mercedes a **imagem do vulcão,** e ela começou a rir. Disse: "Nem morta eu mostro isso para o meu marido, porque é o que ele me diz desde o dia em que me conheceu." Para que mostrar essa imagem? Para organizar a informação e pensar na lógica das próximas cenas, em vez de escutar as interpretações que Mercedes tinha para cada assunto. Era óbvio que lhe sobrava potência, força e intensidade. Isso era algo bom ou ruim? Não interessa. Tínhamos de rever se essa energia avassaladora estava processada e era utilizada para fazer o bem, ou se se desdobrava, machucando os outros sem perceber. Os vulcões têm algumas desvantagens, entre elas o fato de entrarem em erupção sem aviso prévio, despejando uma quantidade de lava tão intensa que queima tudo o que toca.

Estaríamos atentos para constatar as explosões de Mercedes e suas consequências. Explicamos isso a ela com essas palavras. Mercedes ficou um pouco incomodada, desconversou e perguntou se o fato de se impor e sair triunfante dos conflitos tinha alguma coisa a ver com tudo isso. Não sabíamos, mas vamos observá-lo juntas.

O RITMO DE AGUENTAR E EM SEGUIDA EXPLODIR

Mercedes deixou passar alguns meses até que retomou os encontros. Disse que tinha decidido se dar um tempo porque não podia tolerar descer seu pai do pedestal. Ela o guardava na memória como a pessoa que mais a amara. Dissemos que ela podia fazer o que quisesse com a memória do pai e, se fosse útil, sentir-se amada por ele; não havia por que mudar esse sentimento. Nós estávamos tentando olhar para os seus *cenários* globais a fim de que logo ela pudesse compreender melhor a si mesma. Não julgávamos Mercedes, nem ao seu pai nem à sua mãe. Explicamos também que, quando um ser querido morre precocemente, essa figura costuma se transformar em refúgio, porque é factível fantasiar e moldar as lembranças como for conveniente. Imaginar que fomos amados por uma pessoa que já não existe aconchega e acalma. Por outro lado, os episódios com quem está vivo e nos maltrata não são tão fáceis de modificar.

Decidimos fazer alguns rascunhos sobre o futuro de sua juventude levando em consideração as prováveis explosões como modelo automático para viver. Mercedes estudou administração de empresas por algum tempo e trabalhou em diferentes companhias. Até os 33 anos, todos os seus relatos eram repletos de chefes perversos, namorados violentos e mudanças intempestivas de trabalho. Percorremos esse caminho observando a **imagem do vulcão**. Fomos registrando seu orgulho por resistir em situações adversas até chegar ao limite de suas forças, explodir e ir embora, para começar de novo outra relação, em outro lugar.

Descreveu todos os namorados como imbecis, loucos ou psicopatas. Até que conheceu seu marido e o pai de seus filhos, o "primeiro homem normal". Para um detetive treinado era fácil reconhecer que isso significava que o homem não era visivelmente conflituoso como os anteriores, portanto, deixava o território disponível para que Mercedes liberasse sua fúria e seus ataques. Dissemos isso a ela. Mercedes ficou muda.

Com o tempo, ela teve de aceitar que o marido **aguentava suas explosões** até um limite. Em certo momento, decidia sair de casa por alguns dias. Mas logo voltava. Mercedes reconheceu que o deixava louco, o desprezava, exigia que ganhasse mais dinheiro. Nesse contexto, aconteceu a primeira gravidez. É interessante notar que, quando encontramos o ritmo de uma **biografia humana**, podemos compreender de antemão a lógica e saber quais serão as opções em determinado *cenário*. Para um vulcão não é simples relaxar na ternura e no silêncio, e ter um filho envolve essa questão. Em um vulcão, as feridas passadas ardem e explodem de dor diante da sensibilidade e da porção de sombra que um filho pequeno representa. Colocamos isso antes de começar o relato propriamente dito. Insisto que os relatos — a princípio — são enganados, porque são feitos pelo *personagem*. O que dizer de um vulcão entre o parto e o pós-parto? "Esses médicos não servem para nada!"; "Essa menina é impossível!"; "Os homens são uns inúteis!" — ou qualquer opção que lhe permitisse **descarregar o fogo interno**. Portanto, só vale a pena abordar a realidade do vínculo entre a mãe e essa menina na medida em que o observemos a partir da lógica do mapa, em vez de ouvir as reclamações ou quão difícil é criar uma menina com um homem que não ajuda.

Essa colocação deixou Mercedes "fora de circuito", porque, sem reclamar nem ficar brava, ela não sabia muito bem o que fazer. Nós ficamos acompanhando essa situação. Claro que os primeiros anos com a menina foram complicados. Não vale a pena relatar aqui as brigas, os confrontos e as explosões. Aconteciam a todo momento. Entretanto, a novidade para Mercedes era poder compreender que as explosões não aconteciam porque alguém fazia as coisas de um modo diferente do que ela esperava ou porque a menina a solicitava demais, mas porque era sua modalidade infantil e automática de sobreviver ao desamor desde a infância.

Então, durante meses nós revimos essas cenas cotidianas. Abordamos a segunda gravidez e o nascimento do seu filho, a impaciência, as pretensões absurdas de que o mundo se adaptasse às suas fantasias. Qualquer situação a fazia explodir. Portanto, nós nos dedicamos exaustivamente a rebobinar cada cena, detectando onde uma atitude, uma dificuldade ou uma crença tocavam em qualquer ferida antiga, fazendo o vulcão entrar em erupção diversas vezes.

Aos poucos, Mercedes foi diminuindo as descargas contra seus filhos, mas, por outro lado, aumentou a fúria com relação à sua mãe. Isso não servia para muita coisa, já que o problema de explodir por nada continuava. Ela precisaria deixar de visitar a mãe? A questão não era essa, já que não se tratava da mãe real, mas sim da mãe interna, ou seja, da vivência que ela havia construído afetivamente. Um vulcão sempre tem motivos para se enfurecer: a mãe não a ajudava com as crianças, a sogra também não e o marido, muito menos. O menino tinha crises de soluços. Então, nós pudemos reconhecer que ela não pedia ajuda, não se abria com amigas ou conhecidas nem registrava suas limitações. O processo consistia em **aguentar** para em seguida poder **explodir**. O "aguentar" era altamente valorizado por Mercedes, e quando um recurso é valorizado, nós dificilmente o abandonamos. O mecanismo "aguentar/explodir" foi revisto em múltiplos episódios, até que Mercedes o assumiu com clareza.

Assim nós continuamos, olhando para as cenas atuais nas quais — de tempos em tempos — ela reconhecia o "aguentar", conseguia contar explicitamente o que se passava e o que ela precisava, e encontrar caminhos possíveis para destravar e chegar a acordos, ficando um pouco mais feliz e confiante. Outras vezes, o automático disparava, produzindo uma explosão terrível.

Nesse contexto, nós continuamos o acompanhamento. Quando os consultantes desejam — sobretudo quando podem reconhecer intelectualmente o que acontece com eles mas não conseguem atuar em suas vidas cotidianas como pretendem —, o beagador continua, pacientemente, a rever cada cena, desmontando as suposições e oferecendo opções para atuar segundo as leis do amor, em vez de agir no automático, a partir do desespero. Às vezes, há um passo para a frente; outras vezes, um passo para trás.

A prescrição médica

Lola morava em Bahía Blanca, ao sul de Buenos Aires. Tinha 38 anos e um menino de 1 ano e 6 meses. Chegou à primeira consulta ansiosa e com uma lista de perguntas. Ainda que tivesse lido meus livros, queria informações precisas sobre a duração do tratamento, a frequência, a resolução de conflitos e a experiência profissional da beagadora. Já havia experimentado todo tipo de terapia: freudiana, comportamental, lacaniana e holística. Ainda participava de vários grupos terapêuticos, entre eles um que tratava vícios. Rapidamente deixou claro que sofrera abuso por parte de um tio, por volta dos 5 anos, e que se lembrara disso havia pouco, ao organizar um armário, e que tinha ficado tão angustiada que o marido precisara chamar a ambulância. Nessa ocasião, ela foi diagnosticada com **esquizofrenia leve**. O psiquiatra a medicou e Lola recitou todos os nomes de remédios, calmantes e reguladores de humor que estava tomando.

Explicamos a Lola que, em princípio, não trabalhávamos com pessoas medicadas, já que isso prejudicava o contato consigo mesmo. Não sabíamos se poderíamos levar adiante essa indagação, já que precisaríamos da máxima lucidez emocional, e conseguir isso com tanta ingestão medicamentosa seria muito complicado. Lola respondeu que se sentia lúcida e que estava disposta a colaborar e experimentar a metodologia. Começamos sua **biografia humana** compartilhando com Lola nossas dúvidas e concordando que talvez tivéssemos de interrompê-la.

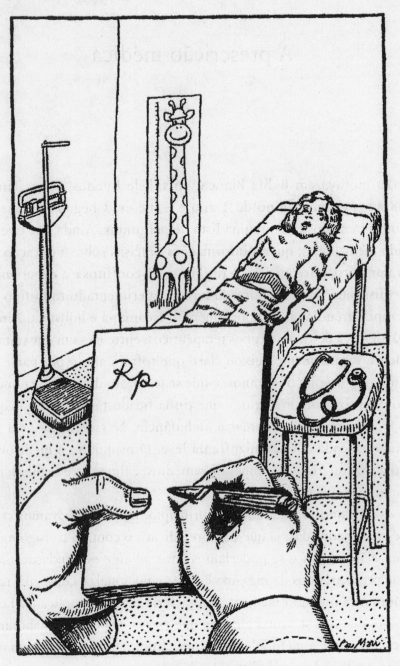

PRESCRIÇÃO MÉDICA

QUANDO OS RELATOS SÃO CONFUSOS

Seus pais eram pessoas simples, de classe média, de origem espanhola, e davam muito valor ao trabalho e ao esforço. Ela conservava poucas lembranças da infância, mas, perguntando, conseguimos vislumbrar uma mãe dura, exigente e que gritava. Lola tinha uma irmã quatro anos mais nova.

Ela se lembrava de algumas surras que levara da mãe e da avó materna, que às vezes cuidava dela. A mãe deixou de trabalhar quando Lola estava no Ensino Fundamental. Infância de brincadeiras na rua, escola pública e não muito mais que isso. O relato era linear, mas enfatizou o abuso do tio. Ouvimos, mas explicamos que o abuso em si mesmo provavelmente não era o ponto mais importante. Estávamos tentando estabelecer o *cenário* de solidão, falta de olhar e rigidez que obrigava uma menina a se virar sozinha. Se uma criatura está sozinha, sem cuidado, pode acontecer qualquer coisa com ela.

Nesse ponto, Lola começou a misturar lembranças. Disse que havia poucos meses contara sobre aqueles episódios à mãe, e ela não acreditara. Ficou, então, tão angustiada que, dias depois, dentro de um ônibus, sentiu o olhar "estranho" de uma mulher. Imediatamente, "teve um ataque", jogou-se no chão e começou a gritar. O motorista do ônibus teve de parar o veículo e chamar a polícia. No meio da confusão, alguém roubou a mochila dela, e seu marido foi avisado e, depois de tudo isso, ela passou a ser mais assídua nas consultas com o psiquiatra. Aparentemente, queriam interná-la, mas como Lola tinha um bebê, o marido fez o possível para tê-la em casa, sob vigilância.

Interrompemos o relato porque tudo estava confuso. Delicadamente, explicamos que precisávamos classificar as informações. Que não abordaríamos nada que acontecera durante a vida adulta de Lola. Ainda estávamos tentando organizar seu *cenário* de infância, e a cronologia seria extremamente esclarecedora.

EM BUSCA DE UMA LÓGICA CONFIÁVEL

Voltamos para sua infância, e apareceram relatos confusos. Não conseguíamos entender se ela estava descrevendo cenas perversas da mãe para com ela e com a irmã, ou se se tratava de fantasias. Por outro lado, Lola confundia experiências sexuais muito precoces — aparentemente, desde os 13 anos — com detalhes estranhos sobre as "lições" da mãe em relação à genitália e problemas de falta de orgasmo nos dias atuais. Tudo isso era uma salada de comentários sem conexão.

Mais uma vez, dissemos a Lola que precisávamos encontrar referências confiáveis para separar a realidade das interpretações. Ainda não tínhamos um *cenário* claro de infância; precisávamos determinar se a mãe estava desequilibrada, e com o tempo teríamos de abordar o que Lola fizera para sobreviver e como saíra ao mundo na adolescência com seu *personagem* nas costas. Estávamos perdidas no labirinto da desorganização. Então, Lola retomou o relato, reclamando que a mãe não queria nem saber dos namorados que ela tivera. Freamos Lola mais uma vez. Explicamos que teríamos de determinar antes de tudo se a mãe estava lúcida ou não, se estava medicada ou se tudo era uma ruína. Precisávamos obter um panorama relativamente real.

Os primeiros encontros foram muito difíceis para organizar fatos reais. Explicamos a Lola nossa necessidade de ter uma visão clara sobre a pessoa de sua mãe. Fizemos perguntas muito específicas, e o que obtivemos foi que a mãe passava o dia assistindo televisão, como se estivesse anestesiada. Respondemos que era provável que sua mãe estivesse medicada naquele momento, mas Lola não sabia. Lógico que as crianças não sabem dessas coisas. Perguntamos mais sobre o que a mãe fazia durante o dia, já que não trabalhava, e tampouco se ocupava muito da casa e das meninas. Lola não sabia. Ela lembrava que a mãe não tinha "papas na língua". Dizia o que lhe vinha à cabeça, sem medir as consequências. Chegamos à conclusão de que a mãe, em alguns momentos, falava mal — incluindo detalhes íntimos — das cunhadas, vizinhos e conhecidos. Em outros momentos, ficava anestesiada diante da TV, tardes inteiras.

Continuávamos investigando em uma névoa de imprecisões. Quando isso acontece, nossa principal hipótese é a presença de certo **desequilíbrio materno,** porque nenhuma resposta se encaixa em qualquer lógica. Chegou a oportunidade de explicarmos a Lola os estragos psíquicos quando vimos um *cenário* de **caos materno.** Então lhe mostramos diretamente a **imagem do caos.** Ela concordou imediatamente. Logo quis misturar esses conceitos com a ideia de que, cada vez que desejou organizar sua vida, "vieram as crises esquizoides", mas nós a freamos mais uma vez, explicando que não sabíamos disso. Que somente agora estávamos tentando encontrar uma lógica que se sustentasse e que, dentro desse caos, era provável que a mãe tivesse estado medicada ou talvez alcoolizada. O rosto de Lola se iluminou. "Sim! A minha mãe adormecia na mesa e de manhã tinha muita dor de cabeça." Enfim, tivemos vários encontros nos quais tentamos clarear e colocar nome a cenas múltiplas, mas à medida que avançávamos o panorama era cada vez pior. Aparentemente a mãe passava os dias visitando médicos, e a ingestão de medicamentos alopáticos era constante. De fato, Lola tinha tomado remédios para tratamentos dermatológicos, para emagrecer e para alergias e desde os 13 anos, tomava anticoncepcionais.

A MEDICAÇÃO COMO MEDIADORA AFETIVA

Tínhamos um problema. Era provável que a mãe tivesse sido muito desequilibrada. Ela era também ausente emocionalmente em relação a Lola e usava os **remédios como mediadores afetivos**. O recurso com o qual aparentemente a mãe contava para conseguir vincular-se consigo mesma e com os outros era a medicação. Por isso, usava-a em qualquer circunstância. Lola tinha sido medicada — era impossível saber até que ponto, mas a ingestão de medicamentos era abundante e diversa — porque os remédios eram o alimento emocional que a mãe pudera lhe oferecer. A alopatia entope, adormece, anestesia as manifestações saudáveis do organismo. Portanto, não somente tínhamos um panorama confuso como também entupido por anos de medicação. No caso de Lola, somava-se um problema: os diagnósticos médicos e psiquiátricos.

Tentamos continuar com a cronologia, ainda que estivéssemos investigando com os olhos vendados. Supostamente, aos 17 anos Lola tinha sofrido o primeiro "surto esquizofrênico". Nós respondemos que não nos interessava o título que haviam dado os diferentes especialistas. Precisávamos abordar com exatidão o que havia acontecido em cada circunstância. Como tinha sido o suposto "surto"? O que acontecera concretamente? Fizemos perguntas específicas, mas as respostas eram vagas: a mãe não gostava do seu namorado, o ginecologista que ela frequentava dissera que Lola devia deixar esse namorado... Até que compreendemos que eram tantas as brigas com a mãe que Lola havia tentado sair de casa. Ela, na verdade, "não se sentia esquizofrênica", mas houve um episódio no qual ela não deixou que lhe injetassem uma medicação contra alergia, por isso a mãe a levou a outro médico, que diagnosticou o "surto". Não podíamos confirmar se acontecera desse jeito, porque levaríamos muito tempo limpando seus relatos, organizando, voltando a olhar até encontrar alguma lógica mínima. O que soubemos foi que nesses momentos ela não conseguiu sair da casa dos pais e mudou de psicóloga mais uma vez.

Lola seguiu carreira na enfermagem. Finalmente, aos 24 anos, conseguiu morar sozinha — em uma casa pequena, fora da cidade e com possibilidade de ter uma horta —, com a ajuda financeira dos pais. Pouco tempo depois, teve outro "surto" uma noite, depois de ter tido um pesadelo. Nesse momento, voltamos a frear os relatos. Não sabíamos se ela tivera um "surto" ou não, mas uma jovem com tão poucos recursos emocionais, medicada e morando sozinha em uma casa afastada... O mínimo que podia acontecer era que ela sentisse medo! Qualquer um de nós teria sentido medo em uma situação similar. Tentamos entender o que havia acontecido concretamente. Parece que ela saíra no meio da noite seminua, caminhando pelas ruas vazias, até que um policial a viu e a levou até a delegacia. Era esse o "surto"? Entendo que as pessoas normalmente não fazem "isso". Mas também era possível avaliar o medo, em uma noite escura, em uma casa afastada, somado a uma jovem imatura e sem recursos. Enfim, as opções de cada profissional que ela visitou desde esse fato eram diversas, mas nós não sabíamos se Lola deturpava, inventava ou se, efetivamente, todos tinham concordado diagnosticando um "surto psicótico".

DIAGNÓSTICOS E INGESTÃO DE MEDICAÇÃO EM VEZ DE ABORDAR A SOLIDÃO

A questão é que, desde então, Lola se acomodou em seu diagnóstico. Passara por incontáveis psiquiatras e psicólogos. Falava com carinho de cada um deles, uma vez que todos a haviam "apoiado". Não duvidamos das boas intenções e do carinho de cada profissional para com ela. Até o momento haviam sido 30 anos de medicação sem interrupções.

Dissemos a Lola que precisaríamos fazer um novo acordo para continuar a investigação. Nós não acreditávamos que ela tivesse "surtos psicóticos". Pelo contrário: pensávamos que desde criança havia encontrado amparo, refúgio, atenção e cuidados sempre que algum profissional lhe receitava algum remédio. Isso a acalmava. Era compreensível, porque tinha sido a mesma maneira de sua mãe lhe dar atenção. Nós suspeitávamos de que, durante sua infância, a mãe não fora capaz de interpretar seus pedidos, solicitações ou necessidades. Por outro lado, oferecia carinho à filha quando a levava a alguma consulta médica. A mãe tinha delegado amor na ingestão de medicamentos. De qualquer forma, nomear pedidos desesperados de amor como "surtos psicóticos" era um despropósito. No passado, esse diagnóstico conformara sua mãe. Mas não servia para que Lola compreendesse a si mesma.

Lola ouviu com muita atenção. Disse que isso lhe soava familiar e que nunca pensara em desmerecer um diagnóstico. O psiquiatra que estava tratando dela na época sempre lhe fazia as mesmas duas ou três perguntas, seguindo o protocolo, e acabava receitando a mesma medicação. De vez em quando, modificava algum remédio e marcava uma consulta para o mês seguinte. Quisemos saber quais eram essas perguntas: se ela ouvia vozes, coisa que nunca havia acontecido. Se tinha pensamentos relativos à morte (ou seja, se pensava em suicídio). Ela estava muito segura de que nunca os tivera. Ele perguntava se ela sabia em que data estavam — dado que ela jamais havia confundido. Lola respondia com firmeza e o psiquiatra receitava remédios para um mês.

Estávamos checando se Lola compreendia nossa proposta porque não tínhamos certeza. Mas aos poucos ela começou a relacionar cada episódio "estranho" do passado que fora interpretado como "surto" com situações de solidão. A solidão estava sempre presente antes de cada reação desesperada e de "loucura". Ela reconhecia a si mesma como sozinha, sozinha e sozinha.

RECUPERAR A CONFIANÇA NAS PRÓPRIAS PERCEPÇÕES

O desenvolvimento da **biografia humana** com Lola foi lento, árduo e solto. Às vezes não sabíamos se estávamos abordando a história de sua vida a partir da verdade. Por outro lado, percebíamos que Lola era intuitiva e inteligente, mas ela **não tinha confiança em suas próprias percepções**. Então, nos dedicamos a "desmontar" cada "episódio estranho", abandonando a ideia de tantos "surtos psicóticos" e pensando em cada situação no contexto de cenários muito duros para uma menina desamparada e com uma mãe ignorante em termos emocionais. Pouco a pouco, Lola começou a perceber a lógica de seus pedidos desesperados por companhia, compreensão e carinho. Olhamos de frente para cada episódio, reconhecendo que eram birras de uma menina que explodia em momentos precisos para obter algo concreto. Observar a partir dessa ótica lhe parecia claro e lhe dava esperanças.

Finalmente, um dia disse à beagadora: "Eu nunca me senti psicótica nem esquizofrênica. Mas também não me permitia duvidar, perguntar ou negociar qualquer coisa sobre minha saúde mental com nenhuma autoridade médica. Simplesmente nunca pensei nisso. Somente agora estou pensando, e tenho medo." Foi a primeira luz de esperança que obtivemos. Talvez pudéssemos fazer alguma coisa com essa consultante. Logicamente, respondemos que ela não tivera ferramentas para questionar nada. Sua mãe não tinha recursos porque provavelmente enfrentara uma infância muito mais dura e cruel que a dela. Pela primeira vez Lola começou a chorar,

chorar e chorar. As lágrimas escorriam pelo seu rosto como se tivéssemos aberto uma torneira de tristeza. Choramos em dupla, ao mesmo tempo em que festejamos o fato de ela estar conectada com algo verdadeiro. Tudo ressoava em seu interior, ainda que ela não soubesse como transmiti-lo em palavras. Voltamos a rever todos os episódios relatados — que não descreverei aqui —, e a cada vez fazia mais sentido a birra infantil, de tão ingênuas que eram suas reações.

Propusemos continuar abordando sua **biografia humana** fora da crença de que ela estava louca. Se tinha estado — e certamente ainda estava — **submissa** aos diagnósticos alheios. Propusemos continuar com a indagação usando a **imagem de uma grande receita médica com a prescrição de um medicamento** qualquer e uma menina incapaz de tomar qualquer decisão porque estava presa em sua ingenuidade infantil. Ela concordou.

PROJEÇÃO DO SUPOSTO SABER E O CONTATO CONSIGO MESMO

Continuamos com a cronologia, sempre levando em consideração que o fio dessa **biografia humana** seria a projeção do **suposto saber** dos outros. Com certeza isso valia para os assuntos relacionados à saúde, mas certamente funcionaria da mesma maneira para as demais áreas: os outros sabiam e ela, não, porque estava louca e um tanto diminuída. Esse era o **discurso enganado**.

Lola conhecera seu marido Alejandro por volta dos 30 anos. Sentia-se cuidada por ele, já que o rapaz se interessava pela sua saúde, sabia das suas necessidades e chegava a anotar os horários da sua medicação. Tanta ordem e responsabilidade haviam deslumbrado Lola. Não pudemos resgatar detalhes, mas, dentro do panorama de explosões no qual ela vivia, um homem íntegro, organizado, com trabalho estável, carinhoso e atento era um luxo. De fato, durante os primeiros anos de convivência, Lola não tivera nenhum "surto". Observamos que, se sentindo acompanhada, não teve necessidade.

A gravidez transcorreu sem inconvenientes, já que Lola estava completamente cuidada pelo marido, atendida e apoiada. Ela passou a trabalhar em horário reduzido e se dedicou a levar adiante a gravidez, controlada pelo seu psiquiatra com a mínima ingestão de medicação. Teve um parto convencional em uma clínica, pôde amamentar o bebê até que um pediatra brilhante — dos muitos que deve ter visitado — lhe disse que o bebê precisava engordar e lhe receitou uma fórmula. Lola obedeceu imediatamente. Observamos a imagem e ficamos algum tempo olhando para ela. Perguntamos o óbvio: se ela acreditava que nesse momento o bebê não estava bem ou se ela mesma estava preocupada com o peso. Era evidente que não. O bebê estava perfeito, mas Lola jamais teria pensando em concluir algo de maneira autônoma, longe da opinião de um especialista.

A partir daí, nos dedicamos a cotejar mais uma vez a distância entre o que Lola sabia, intuía ou percebia interiormente — ou seja, o alcance de seu critério próprio, que estava abandonado — e o automático de acatar qualquer pessoa vestida com um jaleco branco. Não era psicopata e não estava doente. A única dificuldade era o grau de obediência a qualquer indivíduo que tivesse um diploma pendurado na parede. Precisávamos ficar atentos para não lhe indicar absolutamente nada. De fato, ela sempre perguntava coisas relacionadas à criança, mas sempre devolvíamos a pergunta e — para seu assombro —, a princípio, ela conseguia tomar decisões em relação às quais se sentia segura, sempre que estava preparada.

Chegar a esse entendimento levou quatro meses. Mas Lola continuou essa indagação por mais dois anos. Assumia aos poucos em que circunstâncias colocava o sentimento no automático em relação à opinião de quem quer que fosse e em quais assumia o compromisso de se fazer perguntas pessoais, ainda que não tivesse certeza e precisasse pedir ajuda extra. A diferença estava em cotejar internamente se as indicações alheias estavam de acordo com seu ser essencial.

Seu filho já tinha 2 anos, e, logicamente, nós nos dedicamos a percorrer com paciência a realidade a partir do ponto de vista desse bebê. Não nos surpreendemos ao constatar a quantidade de doenças e as visitas regulares a médicos diversos. Entretanto, pouco a pouco, Lola tinha começado a comparar timidamente cada indicação pediátrica com o seu próprio sentir. Ela continuava consultando vários médicos ao mesmo tempo, mas acrescentava suas percepções na hora de levar em consideração o que lhe era indicado. Era um passo importante. Tínhamos pela frente um trabalho duro, invisível e esgotante, mas a vida de Lola havia mudado. O "si mesmo", as percepções, vivências e sentimentos faziam parte de sua vida cotidiana. A solidão enraizada não estava tão presente, não só porque contava com um marido presente mas também porque a certeza de saber que contava com seu próprio critério a distanciava de qualquer fantasma sobre "surtos intempestivos" que não tinham razão de ser.

Ela chorou muito, muitas vezes. Deu passos para a frente e para trás. Procurava automaticamente nossa aprovação, e mais uma vez nós lhe mostrávamos que não precisava. Foi diminuindo a medicação lentamente. O psiquiatra notava que ela estava melhor, mas não imaginava que não estava tomando quase nada. Revimos alguns cadernos velhos com anotações do passado. Abordamos, inclusive, a submissão aos pontos de vista do marido, acostumado a ver Lola obedecê-lo, mas agora estava desconcertado e com medo de que algo acontecesse. Em alguns momentos, voltava ao seu modo automático sem perceber, e nós novamente visualizávamos seu personagem plasmado na imagem compreendendo a necessidade infantil de alguém que lhe prescrevesse um remédio bem concreto para deixar de pensar e somente ingerir o que fizesse falta. Voltamos a falar várias vezes sobre sua incapacidade de compreender seus próprios sentimentos e pensamentos. Ela se atreveu a visitar um homeopata, com quem se sentiu à vontade — não foi até ele com medo, mas com desejo. Claro que os plantões dos hospitais continuavam sendo os lugares mais quentes e *aconchegantes* do mundo, e de vez em quando ela arranjava uma desculpa para acabar em um deles.

Checando mais uma vez. O desejo do outro. O desejo de Lola. O desejo do outro. O desejo de Lola. Para ir amadurecendo e aprendendo a passar as experiências pelo seu próprio e sensível crivo.

A fuga

Gonzalo morava em Buenos Aires. Estava com 41 anos e, com sua mulher, tinha gêmeos de 2 anos. Era dono, junto com o pai, de uma distribuidora de bebidas. Tinha vindo nos consultar porque desde o nascimento dos meninos as brigas com a mulher aumentaram e haviam passado dos gritos às agressões físicas. Isso o perturbava, já que ele nunca imaginara chegar a perder a compostura, por isso, pensou que o melhor a fazer era sair de casa. Porém, antes de tomar qualquer decisão, achou pertinente indagar e tentar se compreender melhor. Havia lido meus livros. Depois de uma breve conversa, começamos o traçado de sua **biografia humana**.

A ESQUIZOFRENIA COMO CONSEQUÊNCIA DA CRUELDADE

Tentamos abordar sua infância, mas Gonzalo media as palavras como se tivesse medo de **trair** alguém. Percebemos que esse "alguém" era a **mãe,** por isso, levamos algum tempo explicando que estávamos procurando suas vivências de criança sem julgar ninguém e que observar hoje as cenas do passado não teria consequências. Ele compreendeu e confessou que falar sobre o que acontecia em sua casa era como tirar a roupa da figura da sua mãe, coisa que ninguém jamais havia feito. Em princípio, porque a imagem que a mãe se esmerava em passar era muito diferente daquilo que acontecia dentro de casa;

FUGA

além disso, ele sempre tivera medo de enlouquecer. Quem disse isso? Ninguém. Ninguém? Não era possível. Se uma criança tem medo de enlouquecer, é porque alguém nomeou essa possibilidade ou porque a mãe culpa a criança por suas próprias explosões. Voltamos a falar, por um bom tempo, sobre as prováveis explosões da mãe. A ideia era habilitá-lo a abrir as comportas de suas lembranças, propondo somente que nos relatasse cenas que considerasse importantes.

Então Gonzalo se lembrou de uma noite em que o pai o acordou e o levou para dormir em um hotel enquanto seu irmão mais velho, Federico, ficava com a mãe, esperando que ela se acalmasse depois de uma de suas explosões costumeiras, sem que ninguém explicasse nada. Também se lembrou de uma vez em que Federico foi buscá-lo na escola e, enquanto voltavam para casa, caminhando, seu irmão brigou com dois rapazes e Gonzalo, morrendo de medo, não sabia o que fazer, já que não sabia voltar sozinho. Logo se lembrou de outra cena na escola, na qual ele tentava explicar à professora que o irmão estava doente e a professora fazia perguntas que Gonzalo não sabia responder.

Perguntamos, então, por que ele dizia que o irmão estava doente. "Porque é esquizofrênico." Ah! Parem as máquinas. Seu irmão foi diagnosticado com esquizofrenia? "Sim." Desde quando? "Desde que tinha 20 anos; eu tinha 14." Então vamos procurar detalhadamente como sua mãe o maltratou particularmente e logo veremos o que aconteceu com você. Explicamos a ele que eram necessárias algumas condições para fabricar um *esquizofrênico*. Por isso, colocamos o foco na mãe e em sua provável violência.

Uma vez que nomeamos a palavra "violência", Gonzalo fez contato com muitas cenas que foram tomando forma. É verdade que a mãe descarregava sua fúria sobre Federico, sobretudo quando ele a confrontava. Ela mudava quando o pai chegava em casa, à noite, e contava para o marido coisas que jamais tinham acontecido. Gonzalo era testemunha de suas incongruências. Por exemplo, se Federico levava um amigo para casa, a mãe fazia festa, tratava-o como uma pessoa especial, dizia ao menino que gostava muito dele — mesmo que fosse a primeira vez que o via. Quando o menino partia, a mãe se enfurecia, proibindo Federico de convidar seus amigos. Gonzalo era pequeno, mas entendia que alguma coisa estava errada.

A mãe falava mal de todo mundo, sempre encontrava detalhes para criticar ou culpar. Pensando na ótica atual, Gonzalo percebeu que nunca conhecera amigas dela, tampouco mantiveram vínculos com a família materna, já que a mãe havia brigado com todos muito antes do nascimento dos filhos. Gonzalo vira, esporadicamente, alguns familiares, em poucas reuniões sociais.

Perguntamos especificamente pelas explosões da mãe. Efetivamente, ela batia nos dois meninos, e maltratava mais Federico. Jogava objetos nele, esvaziava os armários e o culpava por suas desgraças. As lembranças de Gonzalo em relação à mãe não eram tão nítidas, mas ele se lembrava perfeitamente de Federico quando a mãe o amarrava e jogava baldes de água fria sobre o menino até que ele se acalmasse. Também guardava algumas lembranças confusas de Federico escondendo Gonzalo na área de serviço, atrás de uns móveis para que a mãe não o encontrasse, ainda que não soubesse se ele corria perigo ou não. A evidência de estar protegido por Federico quando era muito pequeno mudou na adolescência, quando Gonzalo começou a ter medo do irmão.

E o pai, onde estava? Gonzalo não se lembrava. Supunha que estivesse trabalhando. Perguntamos se as brigas entre Federico e a mãe também aconteciam nos fins de semana, na presença do pai, mas Gonzalo não soube responder. O que ele sabia era que o primeiro "surto" de Federico tinha acontecido quando Gonzalo estava no sétimo ano, portanto, calculamos que Federico devia ter cerca de 18 anos e que, a partir desse momento, começou a ter medo dele.

Entretanto, não conservava nenhuma lembrança sobre agressões praticadas pelo seu irmão com relação a ele, portanto, compartilhamos nossa suspeita de que o **discurso familiar** instalado era o de que Federico era perigoso. Federico, na atualidade — com sua esquizofrenia —, morava com os pais.

Estabelecemos desde o começo que, para que uma criança reagisse com tanta violência, o que acontecia em casa, obrigatoriamente, devia ser grave. Federico se transformava em nosso principal guia para montar o quebra-cabeça dessa **biografia humana**. Nós sabíamos que a mãe tinha descarregado sua fúria sobre o filho mais velho e que, aparentemente Gonzalo tinha ficado em segundo lugar, sendo, portanto, mais resguardado. Durante vários encontros, fomos organizando as cenas: o cheiro do tapete que Federico queimava com seus cigarros. Os tênis sujos que a mãe usava para bater na cabeça de Federico. O pai que batia na mãe, trancados no quarto. As lembranças eram um horror, e Gonzalo reconheceu que seus medos aumentavam à medida que ele crescia. Ou talvez ele tivesse mais consciência. A lavanderia cheia de objetos sem uso foi se transformando em um refúgio para o qual Gonzalo levava seus álbuns de figurinhas. Permanecia ali por horas.

O ATLETISMO E A DISCIPLINA

Tínhamos um panorama desolador. Gonzalo sempre acreditara que a doença do irmão acabara com sua infância, mas agora estávamos observando que a violência e as explosões da mãe, alternadas com suas depressões e prantos, suas fantasias e exageros, eram a base do **caos** familiar. Não podíamos obter mais detalhes, mas era óbvio que Federico tinha confrontado como pôde, até que foi calado com internações e medicamentos.

Mostramos então a **imagem do caos** que usamos nesse tipo de caso e propusemos investigar o que ele havia feito quando criança para sobreviver àquele ambiente tão instável. Ele nos respondeu com total segurança que, a partir dos 16 anos — com um pouco de autonomia para ir e vir e tendo a mãe ocupada com a "doença" de Federico —, descobriu o atletismo, graças a um colega da escola. Começou a acompanhar o amigo ao clube e foi adotando essa atividade diariamente. A mãe visitava médicos e sempre tinha compromissos ou lugares para levar Federico, já que ele estava proibido de sair sozinho. Observando agora, era pouco ou nada o que a mãe sabia sobre Gonzalo.

Nossa hipótese era que, uma vez que o caos era comum durante a infância, esperava-se que o rapaz procurasse o máximo de ordem e disciplina em qualquer área. Gonzalo concordou com segurança. O que o fascinava no atletismo era a exigência de seu professor e os objetivos claros que ele tinha pela frente. Saber exatamente quais eram as metas a conquistar foi um bálsamo na vida daquele jovem, que havia encontrado um caminho organizado e reto para liberar sua energia.

Durante anos ele esteve tão focado em suas habilidades físicas que não tinha praticamente nenhuma lembrança de outras vivências. Terminou o colégio, cursou economia e antes de se formar na faculdade já estava trabalhando com o pai e fazendo a empresa crescer, até que se tornaram sócios. Seus objetivos estavam focados na evolução econômica e no *desempenho* do seu desenvolvimento físico. Gonzalo participou de maratonas nacionais e internacionais, e isso o realizava.

Nós entendíamos que, para Gonzalo, ter disciplina e objetivos claros era tudo de que ele precisava para viver em paz. Em que área se perderia? Pensando como detetives, percebemos que o âmbito afetivo seria o mais complexo, uma vez que nesse terreno as experiências não são organizadas nem claras, muito pelo contrário. Portanto — em vez de perguntar a ele —, afirmamos que, em suas relações afetivas íntimas, provavelmente, ele estava mais perdido do que nunca.

Era um homem muito bonito, e nunca lhe faltaram parceiras, mas Gonzalo sentia que nunca havia se apaixonado. Ele sentia atração pelas mulheres, mas precisava que elas fossem simples e "sem frescura". Se viessem com pretensões ou exigências, ele terminava a relação. Compartilhamos com Gonzalo conceitos teóricos sobre os refúgios, os caminhos necessários para diminuir o caos emocional instalado durante sua infância e a distância emocional de que ele precisava para se manter afetivamente estável. Ele concordou com tudo o que foi conversado, dizendo, inclusive, que era a primeira vez que via tudo com tanta clareza. Logo apareceram mais lembranças da infância e adolescência que confirmavam nossa hipótese e, sobretudo, o carinho imenso que sentia pelo irmão, mas que havia muito anos estava "encaixotado" em seu coração.

Durante vários encontros nós revimos seus vínculos amorosos com mulheres, amizades, objetivos profissionais e esportivos, algumas obsessões e medos. Gonzalo jamais havia reparado que conservava temores incontroláveis — sobretudo em relação a doenças —, que encobria com exercícios físicos e com a autoconvicção de que, quanto mais movimentasse o corpo, menos probabilidades tinha de ficar doente.

Propusemos a Gonzalo continuar a indagação levando em consideração a **imagem do caos**, mas acrescentando o desenho de um indivíduo correndo. Ou fugindo. Ele tinha conseguido se amparar em sua disciplina e em seus objetivos precisos, a ponto de necessitar deles tanto quanto o ar que respirava. Sem esses dois elementos, sentia-se em perigo. Gonzalo concordou, dizendo que em seu interior vibrava um perigo latente, ainda que ele fosse incapaz de explicar esses sentimentos, que considerava irracionais e sem vínculo com nenhum fato concreto. Na verdade, estavam relacionados com suas vivências infantis, que permaneciam intactas. Gonzalo compreendeu e sentiu alívio ao poder nomear e reconhecer essas experiências traumáticas, mas presentes em seu interior. Dedicamos vários encontros a conversas sobre Federico e sua suspeita de esquizofrenia, mas não darei detalhes aqui.

NASCIMENTO DOS GÊMEOS E DESORGANIZAÇÃO EMOCIONAL

Com todos esses conceitos sobre a mesa, continuamos a cronologia de sua história de vida. Gonzalo havia conhecido sua mulher, Andrea, dez anos antes, em uma academia na qual treinava de vez em quando. Ambos compartilhavam o gosto pelo esporte e pelas atividades ao ar livre. Andrea era escrivã e trabalhava no escritório dos pais em sociedade com um tio e dois primos. Gonzalo e ela sempre se deram bem. Estava claro que, enquanto mantiveram suas vidas organizadas, objetivos claros e nenhum dos dois invadia o espaço do outro, as coisas funcionavam. Quer dizer, na medida em que Gonzalo conservasse seus refúgios (logo percebemos que Andrea tinha os seus também, mas não falaremos disso), a relação amorosa os mantinha felizes.

Voltamos a rever o valor que Gonzalo atribuía à estabilidade e ao equilíbrio que lhe trazia o desdobramento físico. Andrea quis ter filhos, e, então, os dois decidiram morar juntos. Depois de três anos tentando uma gravidez, fizeram consultas médicas para investigar uma provável infertilidade. Na segunda tentativa de fertilização assistida, conceberam os gêmeos. Gonzalo se lembrava da gravidez como o período mais feliz de sua vida. Além da alegria e da espera de seus primeiros filhos, foi uma gestação extremamente controlada pelo médico, ou seja, perfeita para os *personagens* de ambos. Eles tinham cada detalhe monitorado, examinado, medido e anotado.

Se fosse possível olhar com zoom suas histórias de vida, era previsível o que aconteceria em pouco tempo. A gravidez podia ser controlada, mas a presença dos bebês traria — obrigatoriamente — caos, descontrole, surpresas, cansaço, desorganização e o desejo de fugir. É muito fácil "prever o futuro" em algumas **biografias humanas**, mas é claro que os bebês desestabilizariam completamente a estrutura — falsa — que tanto Gonzalo quanto sua esposa tinham construído com esmero. Não podia acontecer outra coisa. Dissemos isso a Gonzalo, que segurou a cabeça entre as mãos, dizendo: "Por que ninguém me disse isso antes?" Rimos um pouco. É verdade, ninguém diz. Mas eles também não tinham pensado que ter filhos é algo mais que acompanhar o desenvolvimento de uma gravidez.

A cesariana foi complicada, a peridural não pegou bem e os médicos tiveram de aplicar anestesia geral. O primeiro menino — por motivos que nunca saberemos — passou uma semana internado no setor de neonatologia. O segundo ficou apenas dois dias fora do alcance de sua mãe. A volta para casa foi caótica, com duas crianças que choravam e que ainda não tinham aprendido a mamar. Enfim, todo o relato foi similar aos milhares de relatos que ouvimos de mulheres que iniciam a maternidade ignorantes e desconectadas de si mesmas. A mãe de Andrea era uma senhora deprimida que morava na casa deles. A princípio, a ideia era ajudar com os bebês, mas sua presença acabou sendo um fator de desestabilização, já que ela só fazia reclamar do quanto Andrea estava despreparada para ser mãe. Gonzalo tentava colocar ordem, preparar as mamadeiras, anotar os horários e, sobretudo, sair para correr quando sentia que estava enlouquecendo.

Não vale a pena aqui descrever as cenas habituais dos casais com bebês em casa, principalmente quando se trata de gêmeos.

Mas é necessário observar que o *cenário* havia mudado. Andrea e Gonzalo precisavam compreender que o destino lhes enviara uma oportunidade para sair de seus refúgios, mas para tanto precisariam compreender que se tratava de **refúgios de sobrevivência infantil**, em vez de continuarem acreditando que os dois tinham escolhido viver assim.

Gonzalo não concordava com sua beagadora nesse ponto, mas nós não pretendíamos convencê-lo de nada. Somente nos dedicamos a rever cada briga e cada queixa que os dois trocavam, e era evidente que um acusava o outro de ser a causa da perda de equilíbrio e ordem que antes os mantinha aliados. Claro que criar bebês é sempre uma bagunça, mas a perda da organização em uma casa na qual ambos estão **refugiados no controle máximo** foi desesperadora. Conversamos muito sobre a possibilidade que Gonzalo tinha de apoiar sua mulher para que ela pudesse relaxar, deixar fluir e fusionar com seus filhos pequenos.

Finalmente, ocorreu-nos dizer que Federico — anulado e idiotizado durante anos de medicação e internações — talvez pudesse representar uma ajuda efetiva não só para Andrea, mas especialmente para se vincular com os meninos. Gonzalo arregalou os olhos. Não podia acreditar. Ele confessou que Federico tinha adoração pelos sobrinhos, e que os meninos tinham uma conexão particular com ele. Com Federico, não choravam. Com Federico, ficavam quietos. O mais curioso é que, quando o tio ia embora, era muito difícil consolá-los. Entretanto, os médicos haviam alertado a família garantindo que Federico não era consistente em suas relações e que não podiam deixá-lo sozinho com os meninos, por isso, Andrea tinha medo quando ele ia visitá-los. Perguntamos a Gonzalo se ele também tinha medo. Não. Federico jamais tinha machucado Gonzalo, e ele sabia que era impossível que o irmão machucasse seus filhos, embora jamais pensasse em desafiar as recomendações médicas.

Ele perguntou, então, por que tínhamos pensado em Federico. Respondemos que seu irmão havia sido um menino tão **conectado com suas próprias emoções** que jamais pôde se **adaptar à crueldade da mãe**. Preferiu confrontar e lutar de acordo com suas percepções até que foi amarrado, amordaçado e preso. Entretanto, sua extrema sensibilidade estava ali, à flor da pele, por isso, ele sentia os meninos. Estava na mesma frequência deles. Por outro lado, Andrea já não os sentia, porque estava refugiada em um *bunker* tanto quanto Gonzalo, salvando-se do desamparo vivido durante sua própria infância. Federico não tinha fugido; ao contrário, permanecia ali, disponível e aberto. Por isso foi castigado até ficar fora de circulação. Seus dois sobrinhos eram a ponte sensível e sutil para ajudá-lo a se reencontrar com o paraíso perdido de ternura e compaixão. Se Gonzalo compreendia essa evidência, tanto ele como a mulher podiam aproveitar Federico para que ele criasse um fio de conexão com as duas crianças e, assim, se constituísse em uma mãe amorosa e um pai apoiador. Gonzalo chorou — literalmente — de emoção.

Os encontros se estenderam. Nós continuamos observando seus *cenários*, suas opções e seus refúgios, sua maturidade e seu desejo de amar. Logo sua mulher também começou o processo conosco, mas essa foi outra BH.

A solidão da montanha como refúgio

Paco entrou em contato de Lleida, uma pequena cidade da Catalunha, na Espanha. Tinha 45 anos, estava casado e tinha dois filhos: um menino de 12 e uma menina de 9 anos. Era instrutor de esqui no inverno, tarefa que ele alternava com pequenos trabalhos relacionados ao turismo de aventura. Sua mulher era leitora dos meus livros. Ele não tinha lido nenhum, mas se animou com o pouco que a esposa lhe contara, sobretudo os conceitos relativos à violência invisível, e quis experimentar.

Paco era um homem muito forte, careca e barbudo. Tinha um físico enorme, mas o olhar de uma criança assustada. Depois de uma breve conversa, começamos o trabalho da **biografia humana** por Skype.

A HUMILHAÇÃO

Sua mãe nascera em um povoado perto de Lleida, filha de um padeiro. Seu pai tinha saído pequeno de Almería. Conheceram-se jovens, casaram-se e tiveram três filhos homens. Paco era o caçula, com anos de diferença em relação aos maiores, que nasceram um atrás do outro. As poucas lembranças da infância eram na padaria, onde sua mãe e seus tios trabalhavam. Ele se lembrava de alguns cheiros e da avó gritando. Sim, ele se lembrava de que chorava muito. Por quê? Aparentemente, a mãe não cortava seu cabelo porque queria que ele

A MONTANHA COMO REFÚGIO DO CAOS

fosse uma menina, e as pessoas, dessa maneira, o confundiam. Quisemos saber se isso tinha acontecido apenas uma vez ou se era constante. Paco acreditava que havia durado a infância inteira, mas não tinha certeza. Falamos um pouco sobre a **humilhação** e a **violência** exercidas sobre a criança que ele fora, o que ele aceitou imediatamente. Nunca ninguém havia nomeado assim, mas era isso mesmo: humilhante.

Essa constatação nos permitiu seguir o fio de algumas outras condutas violentas da mãe. Ela gritava com o menino, puxava seu cabelo — que era comprido —, o depreciava, o desqualificava. Para abordar cenas concretas, perguntamos qual era a pior lembrança que ele conservava da mãe, e ele respondeu, convicto, que foi quando ela pegou um martelo e bateu nos dedos dele. Ficamos impactados, e revelamos isso a ele. Então, Paco confessou que não lembrava de ter sentido dor. Pelo contrário, lembrava-se de ser "feito de pedra". Ficamos impressionados que um menino tenha sido capaz de anestesiar as pancadas de um martelo. Conversamos durante um bom tempo sobre as origens da crueldade e sobre a necessidade das crianças de receber amparo e cuidados amorosos.

Não soubemos o que o pai fazia; só sabíamos que ele trabalhava o dia inteiro e não ficava em casa. Os irmãos já eram rapazes quando ele ainda tinha 8 anos, então, quase não havia lembranças deles, com exceção de quando ridicularizavam Paco.

Logo organizamos algumas lembranças de seus 12 ou 13 anos. A mãe era "muito malvada". O que significava ser muito malvada? Paco se recordava em especial da mãe rindo dele, vestindo-o com saias e tranças ou lhe batendo no banho, acusando-o de ser um menino mau. Não podíamos imaginar essas cenas sem que houvesse uma testemunha. Mas Paco não se lembrava de ninguém. Por que ela dizia que você era mau? Paco balbuciou e finalmente contou apenas uma história que, segundo ele, foi um divisor de águas em sua vida.

Ele não se lembrava do que tinha feito, mas a mãe ficara brava com ele. Disse a Paco que pegasse um pouco de roupa, pois ela o levaria a um lugar para que ele se tornasse homem. Paco colocou algumas camisas e uma calça em sua pequena mochila, a mãe o colocou no carro e o levou para uma estrada fora da cidade. Chegando a um matagal, a mãe o tirou do carro e disse que ele precisaria se virar sozinho para saber que a vida era dura e valorizar o esforço que ela fazia para educá-lo. E foi embora. Paco fez xixi na calça de tanto medo. Não lembrava quanto tempo tinha ficado ali. Nós não conseguíamos acreditar. Paco começou a soluçar, cobrindo o rosto com as mãos enormes. Nesse momento, os 11 mil quilômetros de distância entre Argentina e Espanha nos impediram de abraçá-lo, então, nós esperamos um pouco. Quando estava mais calmo, tentamos ajudá-lo a discernir o que acontecia realmente naquela época. A figura do pai estava muito borrada, o avô e a avó estavam presentes, mas Paco não conseguia descrevê-los; eram pessoas dedicadas ao trabalho. E havia mais uma coisa que era desestabilizadora: quando a mãe estava com a família (com os próprios pais e irmãos), era alegre, divertida e falante. Então, Paco não tinha com quem compartilhar essas cenas terríveis de profunda solidão.

O relato era tão pungente que propusemos observar a **imagem do caos**, o que foi útil para Paco. Na idade adulta, tinha pensado muitas vezes que sua mãe era louca, mas não havia compartilhado isso com ninguém, porque supunha que o considerariam exagerado e mentiroso.

O ISOLAMENTO REPARADOR

Nos encontros seguintes, apareceram novas lembranças, para as quais demos espaço, a fim de acabar de drenar e organizar esse *cenário* tão desestruturante para a psique de uma criança. Paco lembrava de sentir vergonha quando a mãe fazia piadas de cunho sexual que Paco não entendia direito, mas a mãe e as outras pessoas achavam muito engraçado. Ele também tinha muito medo à noite, mas não sabe o que fazia para suportá-lo.

Conversamos em várias ocasiões oferecendo palavras aos sentimentos de solidão e o abandono para uma criança tão pequena. Colocamos essa realidade em um contexto objetivo, tentando imaginar o que Paco poderia resolver à medida que fosse crescendo em uma realidade tão opressora. Até o momento, nossa hipótese era a **desorganização psíquica**. Logo veríamos se Paco encontrou algum refúgio confiável ou não.

Soubemos que sua mãe tentara o suicídio diversas vezes e que os filhos mais velhos apareceram para cuidar dela. Até que morreu de câncer, quando Paco tinha 23 anos.

Durante alguns encontros nós trabalhamos com a sensação de que Paco sempre viveu em meio ao **caos emocional**. Nomear dessa forma trazia clareza e alívio. Ele tinha ido em busca de algum refúgio? Sim, ele adorava a montanha. Assim que teve idade suficiente, participou de expedições aos Pirineus, tanto no verão quanto no inverno. Quando adquiriu experiência, começou a escalar em total solidão. Algumas vezes, passava dois meses sozinho em algum lugar isolado nas montanhas. Vislumbramos que o isolamento se transformaria no seu melhor *bunker*.

Fizemos alguns rascunhos da sua juventude. Ele era quieto, de poucos amigos. Poucos, mas bons. Tivera poucas experiências com mulheres. Seu ambiente era a natureza, a neve, **o silêncio da montanha e a solidão**. Jamais gostou de se embriagar, como muitos jovens da sua idade faziam, não se interessava por cinema nem por música. Só queria saber do ar puro das alturas.

Em seguida, nos contou que começou a se sentir bem quando desenvolveu um corpo forte, adquirindo autoconfiança. Não acreditamos completamente nisso, porque o *cenário* de origem não oferecia muitas possibilidades para ele se sentir protegido, ainda que fosse alto e forte. Mas era verdade que ele já tinha condições de superar as humilhações e os medos do passado. Isso, sim. A montanha o respeitava, e ele respeitava a montanha. Havia um pacto sagrado entre eles, e Paco gostou de pensar desse deito.

Conversando sobre sua solidão e seus refúgios, Paco comentou que, depois que a mãe faleceu, ele chegou a pesar 120 quilos. A comida também se transformara em um refúgio seguro. O sobrepeso acrescentou motivos para seu **isolamento**, até que conheceu Maite, aos 29 anos, e com ela começou — tardiamente — sua vida sexual.

Toda a sua vida afetiva havia sido podada. Quando nasceram os seus filhos, Paco se dedicou a ganhar dinheiro extra para poder se recolher nas montanhas todas as vezes que fosse possível. Perguntamos em que podíamos ajudá-lo, já que estávamos compreendendo juntos o sentido profundo que tinham para ele o silêncio e a solidão, garantindo uma organização que ele não recebera quando fora criança. Apesar de tudo o que vivera, levava uma vida saudável, tinha um casamento estável e dois filhos em pleno crescimento. Paco pensou um pouco e disse que gostava de ter esses momentos de reflexão sobre a vida, olhando de frente tudo o que havia acontecido com ele, mas, sobretudo, observando como se isolava, deixando de lado a mulher e os filhos, a quem ele adorava, e que frequentemente reivindicavam sua presença. Por isso, os encontros continuaram.

AS DIFERENTES ETAPAS DA BIOGRAFIA HUMANA

As biografias humanas têm **duas etapas**. A primeira, é de organização do *cenário* da infância, a detecção do personagem e a observação sobre como esse *personagem* opera na atualidade. Com alguns consultantes nós podemos fazer isso em quatro ou cinco encontros; com outros, podemos precisar de dez deles. Depois, há uma segunda etapa, na qual os consultantes querem ir além, relacionar cada *insight* com cenas do presente, rever mais uma vez a distância entre suas crenças e seu interior. Eles cotejam com os seres queridos aquilo que lhes acontece. Vincular-se com mais abertura e generosidade. Compartilhar preocupações no marco de um olhar global. Essa segunda etapa pode se estender se o beagador e o consultante considerarem que cada encontro é enriquecedor para todos. Esse foi o caso de Paco, que aprovou em cada entrevista ir além na compreensão de si mesmo, esbanjando amor e entendimento sobre sua família.

A fantasia como refúgio

Adriana morava em Guadalajara, no México, era maquiadora e também fazia *shiatsu*. Aos 53 anos, não tinha filhos. Tampouco um parceiro. Chamou-nos a atenção sua aparência pequena, como se fosse uma moça de 30 anos, a ponto de perguntarmos várias vezes sua idade, porque achávamos que tínhamos entendido mal.

Sua pele era escura, o cabelo, longo, liso e prateado. As entrevistas foram realizadas via Skype. Ela nos consultou porque estava deprimida e queria compreender por que costumava se relacionar com parceiros conflitantes. Notamos algumas contradições nas primeiras trocas, por isso, perguntamos se ela tomava alguma medicação. Sim, tomava "doses baixas" de antidepressivos e remédios para dormir. Explicamos — como fazemos habitualmente — que consideramos que a medicação corta o contato consigo mesmo e que isso impossibilita — em muitos casos — construir a **biografia humana**. Podíamos tentar, mas desejávamos ser totalmente honestos.

A DISTÂNCIA ENTRE O DISCURSO E A REALIDADE

Começamos procurando *cenários* concretos da infância de Adriana. Seus pais provinham de famílias numerosas. A mãe nascera na zona rural ao norte de Jalisco e emigrara para a cidade muito jovem. A mãe e o pai se conheceram e tiveram filhos. Adriana tinha um irmão oito anos mais velho.

A FANTASIA COMO REFÚGIO DO CAOS

A mãe era alcoólatra desde que Adriana se lembrava. Tomava ansiolíticos e tinha sido internada muitas vezes. Claro que tudo o que se refere às doenças, à depressão e às internações da mãe, Adriana compreendeu muito mais tarde. Todas as suas lembranças giravam em torno dos gritos e discussões entre seus pais. Ela também se lembrava de que a mãe mudava de personalidade ao longo do dia até que, ao entardecer, os gritos eram insuportáveis. A casa estava sempre suja e desorganizada, ainda que a mãe fosse obsessiva com o cuidado pessoal: unhas perfeitamente pintadas, cabelo sempre arrumado no cabeleireiro e sapatos muito bem-cuidados. Somente ela era impecável.

Paramos por aí. Explicamos a Adriana que, além do alcoolismo e da depressão de sua mãe, algo **não encaixava**. Não sabíamos se os relatos eram de lembranças próprias ou se estavam modificados pela passagem do tempo. Mas a suposta contradição entre o asseio pessoal e a sujeira do lar era estranha. Quisemos buscar mais cenas verdadeiras e abordar a menina que ela fora. Aparentemente, ela ia à escola de manhã e, à tarde, brincava sozinha em casa. Com o tempo, contou algumas histórias estranhas sobre ter ridicularizado a mãe, mas nós as descartamos, porque não eram verossímeis. Pelo menos, isso não poderia ter acontecido durante sua infância.

Ela dizia que seu pai a estimulava intelectualmente, mas nós tínhamos dúvidas. Não nos interessava o que dizia Adriana: buscávamos fatos concretos para checar o que havia acontecido.

Ela se lembrava de medos à noite, mas, aparentemente, era impossível acordar a mãe, que dormia "como se estivesse morta". Tampouco se lembrava de ter pedido ajuda ao pai ou ao irmão. Falamos um pouco sobre a função do medo quando as crianças não sabem se estão protegidas. Ela recebeu essas palavras com tanta admiração como se houvesse caído um anjo na Terra. Ao nosso ver, sua reação foi exagerada. Propusemos — para ajudar a organizar os dados que tínhamos — olhar para a imagem desenhada do caos, supondo que era provável que houvesse uma desorganização psíquica importante na mãe e que isso tivesse complicado sua infância.

Durante os encontros seguintes, seu nível de impacto diante das explicações simples sempre nos parecia teatral. "Isso é impressionante!", exclamava, depois da mínima intervenção da beagadora. A princípio, permitimos que fossem drenadas as lembranças que confirmavam nossa hipótese: a casa suja invadida por insetos, os pratos sujos empilhados durante dias, que eram reutilizados, ainda sujos, pelas pessoas da casa, e as poucas vezes em que a mãe se preocupava em deixar tudo limpo.

As lembranças da adolescência eram um pouco mais nítidas, possivelmente, porque começaram os enfrentamentos entre Adriana e a mãe. Por exemplo, às vezes, a mãe cozinhava alimentos estragados, e todos ficavam doentes em casa. Então, Adriana culpava a mãe, que intensificava as reações violentas. Uma vez ela jogou um ferro de passar quente em sua cabeça. Adriana tinha o hábito de se trancar no quarto até que o pai chegasse, mas quando isso acontecia, a mãe já estava dormindo, por causa da bebedeira.

Falamos um bom tempo sobre a dor dessa mãe e a dor dessa menina, sabendo que o *cenário* era catastrófico. Adriana fez contato com essas experiências e confessou que tinha pena e raiva por saber que a mãe chorava sempre pelas suas desgraças. Propusemos investigar se entre tanto caos ela conseguira encontrar algum refúgio e qual poderia ter sido. Assim que ela terminou a escola, começou a trabalhar em diferentes estabelecimentos comerciais. Mais tarde fez curso de cabeleireira, manicure e maquiadora. Entre os 20 e os 30 anos, foi morar na Cidade do México com um parceiro, mas foi muito pouco o que pudemos tirar a limpo dessa relação. Ambos fumavam muito e fugiam da realidade em suas fantasias. Com Salvador ela conviveu algum tempo, ainda que de vez em quando voltasse à casa da mãe, em Guadalajara. Adriana tinha adotado dois cachorros de rua, que contribuíam para a desorganização e a sujeira da casa e eram motivo de constantes brigas entre os familiares. Passou dez anos indo e vindo entre a casa de Salvador e a de sua mãe, ainda que a desorganização fosse a mesma. Chegar a essas conclusões demorou vários encontros, já que Adriana se perdia nos próprios relatos, confundindo o importante com o supérfluo. Ela mesma era um caos. Não se fazia responsável por nada, e achávamos que Salvador não tinha estabilidade emocional nem econômica, portanto, o *cenário* permanecia o mesmo.

Adriana nos perguntou qual era o seu *personagem*. Não tínhamos ideia. Ainda estávamos tentando organizar a informação e procurando refúgio, se é que existia algum. Por ora, tínhamos tudo desorganizado, externa e internamente. Então, Adriana respondeu que sim, que ela era desorganizada, tinha até mesmo perdido alguns trabalhos porque agendava mal os horários das clientes, chegava atrasada aos compromissos ou não acordava no horário. Até o momento, só víamos o caos. Ela se identificou completamente.

Por volta dos 35 anos, voltou a Guadalajara — em circunstâncias que não conseguimos definir — e passou a morar com Luis, com quem continuou uma vida desorganizada. Os dois compravam com cartão de crédito, sem poder pagar. Esqueciam de pagar as contas, e com frequência tinham a luz e o gás cortados. Viviam em dificuldade até mesmo para resolver assuntos básicos da vida urbana. Adriana consumia sem controle os seus próprios recursos econômicos: roupas, perfumes, sapatos, maquiagem. Pretendia levar uma vida que claramente não coincidia com sua realidade.

Mudava de trabalho frequentemente e teve bons empregos, inclusive em um canal de televisão que teria lhe garantido continuidade e crescimento. Mas Adriana não conseguia manter estabilidade em nenhuma área da vida. De acordo com suas próprias palavras — que eram muito confiáveis —, quando, perto dos 45 anos, separou-se de Luis, começou a ficar deprimida e a tomar medicação. Fizemos muitas perguntas, mas a confusão entre os diversos episódios nos chamava a atenção. Não conseguimos saber como ou por que ela havia se separado de Luis, e, por outro lado, não era um vínculo tão estável que a pudesse ter levado à depressão. Explicamos que, quando um indivíduo está tão desconectado de si mesmo, é pouco provável que fique deprimido, justamente porque não entra em contato com seus estados de tristeza, com seus desejos inalcançáveis ou com suas perdas. Dissemos isso a ela dessa maneira, com palavras simples, até que Adriana admitiu que era verdade. Nem sequer se lembrava muito bem desse período, mas tinha consultado profissionais que haviam receitado remédios. Muito bem, talvez ela tomasse remédios, mas isso não confirmava nenhuma depressão. Continuamos no mar de confusão e certa superficialidade que nos impedia de nos aprofundar em nosso trabalho.

SUPERFICIALIDADE ENCANTADORA

Explicamos a Adriana que era frustrante não conseguir estabelecer nenhuma lógica. Ela parecia acomodada em um **caos** que lhe era familiar e que não trazia grandes desvantagens. Então, respondeu que estava preocupada porque iria ser operada para extrair uns nódulos. Apenas nesse momento ficamos sabendo que ela já havia feito duas cirurgias na mama direita, e agora haviam detectado nódulos malignos na esquerda. Ela nunca contara isso. Os enredos sobre suas prioridades eram parte desse cenário desconcertante.

Dissemos que até o momento pensávamos que o seu *bunker* era a **fantasia** que ela montava em torno do que acontecia. Os relatos costumavam ser supérfluos. Relaciona-se profissionalmente com personagens do meio artístico e fugir da realidade parecia ser seu melhor sistema de sobrevivência, a ponto de não fazer contato sequer com sintomas físicos que estavam sinalizando, havia algum tempo, de que algo não estava bem no seu interior.

Ela ficou em silêncio pela primeira vez, concordando com a cabeça. Mostramos uma **imagem de uma bolha de sabão voando sobre o caos reinante**. Ela cobriu o rosto, dizendo: "Que horror!" E acrescentou: "É assim, é assim." Pelo menos nós tínhamos encontrado um ponto de ancoragem para continuar com a indagação. Quanto mais Adriana a observava, mais sentido encontrava. Nós também percebíamos que ela reproduzia o caos em sua vida, portanto, propusemos observar o que ela geraria nos outros, involuntariamente.

Contemplamos — sempre tendo como referência a bolha de sabão voando por cima do caos — sua relação com Horacio, de quem tinha se separado recentemente. Era um homem de 62 anos com filhos e netos, que se encantara por Adriana. A relação durou dois anos. No começo, ela aproveitou o feitiço desse homem que a tratava como uma princesa, mas, com a convivência, seus melindres e pretensões fora da lógica acabaram por desgastar a relação. Adriana não tolerava que ele cuidasse dos filhos — sobretudo da caçula, que ainda era muito jovem —, e esses desacordos os levaram a brigas fora de controle. Revisamos o pouco que ela estava interessada nesse homem — certamente tinha acontecido a mesma coisa no seio de seus vínculos anteriores — a partir de sua **bolha de sabão**. Formulamos perguntas concretas sobre Horacio, e ela mesma percebia que quase não conseguia responder a nenhuma pergunta a respeito da vida dele, suas preocupações, seus interesses ou problemas. Era chocante.

Horacio tinha uma situação financeira sólida, que permitia a Adriana se perder ainda mais em seu descontrole, confundindo gastos excessivos com se sentir amada. Revimos todos os mal-entendidos entre ambos e o que cada um esperava do outro. Agora era evidente que Adriana estava presa em seu personagem infantil — quero esclarecer que todos os *personagens* são infantis porque refletem o mecanismo automático que usamos durante a infância para sobreviver ao desamparo materno —, agindo como uma princesinha mimada, sem responsabilidades nem obrigações e explodindo quando não conseguia o que imaginava merecer. Conversamos muito sobre essa dinâmica, observando que, não importava quanta roupa podia comprar com o dinheiro de Horacio, não conseguiria compensar a falta de amor, que ainda esperava obter.

Aos poucos — e fora dos nossos prognósticos —, Adriana foi se envolvendo nesse processo. Já não estava tão exaltada durante os encontros via Skype; pelo contrário. Estava um pouco mais séria, concentrada. De vez em quando apareciam mais lembranças devastadoras da sua infância — que não vou transcrever aqui —, mas, a partir da lente da **bolha de sabão**, nós as compreendíamos cada vez mais, assombrados pela inteligência da psique e com os mecanismos que os seres humanos usam para sobrevier ao terror. Adriana tinha modificado até mesmo seu tom de voz, falando mais devagar e com uma profundidade que não tínhamos visto no começo.

NADA A OFERECER

Com a **biografia humana** encaminhada, propusemos examinar os períodos nos quais — de verdade — ela havia usado medicação, já que sabíamos que tinham sido mais frequentes do que ela registrava. Efetivamente, "rebobinamos" tudo como se fosse um filme e analisamos cada um dos momentos de desequilíbrio, mimos, pedidos desesperados — de amor materno — e uso de medicação para diminuir o sofrimento.

Então, pudemos analisar diferentes momentos da sua vida nos quais as crises de pânico eram frequentes — anestesiados imediatamente com o uso de ansiolíticos —, outros momentos, nos quais não conseguia se levantar da cama por causa da angústia que sentia, e outros períodos de brigas absurdamente violentas com diferentes parceiros. Em todos os casos aparecia sua desorganização interna e sua nula capacidade para oferecer algo ao outro — seja um parceiro, um amigo ou uma tarefa que lhe era encomendada. Presa à necessidade infantil de ser compensada, víamos que ela havia passado anos trancada em suas fantasias, sem registro de nada que acontecia à sua volta. Seus maiores *insights* tinham a ver com o fato de perceber o dano — sem querer — que provocava nos outros.

Essa maneira de olhar seu passado, seu presente e seu futuro, com uma lente de aumento, em certos momentos, lhe causava tontura, já que — segundo suas palavras — ela estava "entre a cruz e a espada". Já não podia se fazer de ingênua, tinha de decidir se continuaria protegida pela fantasia de menina mimada ou se assumiria alguma responsabilidade sobre si mesma e o entorno. A continuação dessa biografia foi possível porque — apesar de sua desorganização — Adriana também derramava frescor e jovialidade, e isso facilitava a entrada em assuntos doloridos. Tínhamos um longo caminho a percorrer.

Pensar a sociedade a partir das perspectivas individuais

Eu poderia transcrever dezenas de **biografias humanas**, mas não quero cansar os meus leitores. Nossa vida é única, mas compartilhamos os mesmos **desamparos infantis**, em diferentes formatos. Neste livro eu me dediquei a destacar histórias de vida nas quais a **loucura**, a **deturpação da realidade** e os **diagnósticos de doenças mentais** estão mais presentes que em outras. Entre aqueles que estão lendo este livro, alguns ficaram entediados e outros acharam tudo um exagero. Entretanto, muitos de nós encontrarão coincidências, que permitirão compreender finalmente a desorganização emocional das nossas mães. Se nossa história é parecida com os casos relatados, o que fazer? No momento, nada em particular. Estamos tentando investigar, com a maior honestidade intelectual possível, as dinâmicas emocionais nas quais nos movimentamos para compreender o que acontece conosco e por que fazemos o que fazemos.

Entretanto — pessoalmente —, pouco me interessa o que cada indivíduo em particular faz com sua própria vida. Com uma exceção, porque o somatório de muitos indivíduos que atravessam nossa vida bajulando ao máximo nossos personagens com o único fim de receber amor acaba por transformar-nos em depredadores da nossa comunidade e, portanto, de toda a civilização. Isso, sim, me interessa, e muito.

Por que somos depredadores?

Porque não somos capazes de **amar o outro**, já que ainda estamos **esperando ser amados por nossa mãe**, ou por alguém que a substitua.

Quero deixar claro que as crianças — sempre e em toda circunstância — são merecedoras de amor. As crianças — pelo simples fato de serem crianças — precisam de amor na forma de cuidados, fusão emocional, proteção, amparo, alimento, disponibilidade corporal e companhia. Por outro lado, os adultos — sempre e em toda circunstância — fomos feitos para amar o outro.

Onde está o problema? No fato de **não termos sido amados quando éramos crianças**. Aí mora a semente de todo o sofrimento posterior. Com o tempo nós crescemos, mas continuamos instalados na necessidade de sermos amados. Não importa a que idade cheguemos, usamos nossos recursos várias vezes para receber amor de alguma maneira. Essa é a função dos *personagens* que descrevi.

O *personagem* explora, enlouquece, consome, grita, bate, trabalha, acumula poder, se esconde ou foge, sempre tentando receber amor. Mas isso não acontece. Por quê? Porque os outros adultos, com os quais nos relacionamos, estão nas mesmas condições que nós: pedindo que os amemos incondicionalmente. E também porque, além disso, ainda que recebamos atenção ou cuidados dos nossos amigos, parceiros ou da comunidade inteira, nunca será suficiente, porque nós vamos sentir um vazio existencial **desejando que nossa mãe finalmente nos ame**.

Acontece que, se nós somos milhares e milhares de indivíduos adultos fazendo alguma coisa — o que os nossos *personagens* permitem —, para receber amor, e se quase não existem adultos dispostos a oferecê-lo, a conta não fecha. Não há amor suficiente circulando, portanto, não haverá solidariedade nem prioridade para o bem comum, tampouco generosidade ou entendimento.

Como pretendemos receber amor? Utilizando os mesmos mecanismos infantis que usamos — sem resultados — quando efetivamente fomos crianças. E, por mais estranho que pareça, ainda que não tenhamos conseguido resultado, nós nos prendemos cada vez mais às modalidades conhecidas com uma ignorância assombrosa.

Pensando assim, onde ficam os nossos filhos, se é que temos? Que lugar ocupam aqueles que são crianças hoje? É evidente que não há lugar para eles se nós ainda estamos tentando sobreviver — em termos emocionais — à nossa própria e desoladora infância.

Acontece mais uma coisa. Descrevi aqui que, na qualidade de criaturas mamíferas e humanas, assim que nascemos sentimos um apego natural e espontâneo ao corpo e ao universo emocional de nossa mãe, já que vivemos dentro da **fusão emocional**, nos considerando um só. Mas se nossa mãe rejeita seu próprio impulso de apego em direção a nós, para não sofrer suas dores do passado, as crianças são **expulsas do território emocional**, e isso constitui um verdadeiro desastre. Sozinhos, abandonados, rejeitados e desamparados, buscaremos compensação nos apegando ao que encontrarmos pela frente.

É fácil perceber que nossa civilização — baseada na conquista e na competição, ou seja, no medo de perder o que quer que tenhamos obtido — costuma se apegar aos bens materiais. Todos queremos ganhar mais dinheiro, ter mais casas, mais economias ou mais segurança material. Isso não está nem certo nem errado. Além disso, observemos que há um apego imperceptível e ainda mais difícil de abandonar que o apego às ideias. Em especial o apego à cultura, ao orgulho, aos diplomas, ao prestígio, à aprovação dos outros, às próprias opiniões e às crenças. A necessidade imperiosa de defender nossas ideias — sejam quais forem — é mais uma confirmação do medo infantil que nos devora. Esse apego nos devora. O apego desmedido que corrobora nosso medo de ficar sozinhos é reforçado na medida em que colocamos nossas supostas ideias em territórios fechados que logo serão nossos lugares de pertencimento (os clubes, os partidos políticos, as associações profissionais).

Notamos que raramente pensamos com liberdade. O que fazemos é defender ideias que fecham as comportas dos nossos *bunkers*.

Funciona conforme o mesmo sistema de defesa de qualquer fortaleza medieval: com canhões. Quem já assistiu a uma sessão completa na Assembleia Legislativa de um país imaturo? **Cada um defende o seu.** Ninguém pergunta os motivos pelos quais um colega faz uma colocação, nem como acrescenta um pensamento determinado, nem tenta compreender a base de uma proposta para elevar o pensamento e chegar a um entendimento enriquecedor. Na verdade, cada um justifica o próprio interesse e, então, se vota, e ganha a maioria.

A minoria no máximo faz alguma birra — não estou exagerando —, acusando os que detêm o poder de serem os responsáveis por todos os males. Mas nem um nem outro é capaz de tentar aproximações para compreender o ponto de vista dos demais, a origem dessas ideias e as consequências que daí advirão.

Esse jogo de surdos presente nas direções dos países imaturos e entre os dirigentes e a população é um **reflexo dos nossos mecanismos individuais.** Estabelecemos a mesma distância e a mesma incompreensão que estamos arrastando desde a nossa infância. Continuamos observando a realidade social através do buraco da fechadura, somente considerando o aqui e o agora em vez de contemplar a totalidade. Assim como na vida individual é necessário percorrer minimamente a vida de uma pessoa — sem perder de vista a história familiar e **a distância entre os relatos enganados coletivos e a verdade** —, na vida coletiva teríamos de ser capazes de aprofundar o olhar, entender os acontecimentos em uma linha histórica, mas sobretudo respeitando a distância que há entre os discursos enganados coletivos, os discursos mentirosos e as manipulações, tanto dos dirigentes quanto da imprensa, continuaremos funcionando como crianças, carregando nossos *personagens* nas costas, defendendo, no máximo, nosso pequeno conforto pessoal. Tanto quanto o defendem para si mesmos aqueles que chegaram a algum âmbito de poder.

Insisto que os grandes desentendimentos sociais, a violência, a submissão dos mais fracos aos mais fortes e, em particular, a manipulação são possíveis porque na vida individual nós consolidamos nossos mecanismos infantis. Queremos ser amados. Queremos ser reconhecidos. Queremos segurança. Queremos que nos contem uma história com final feliz para dormirmos em paz.

Não haverá mudança possível se nenhum de nós está disposto a rever — com dor — a realidade da qual provimos para compreendê-la e **nos desapegarmos da necessidade infantil de sermos amados**, entendendo que já somos adultos e não precisamos do amor materno — porque isso não aconteceu e não acontecerá, mas agora podemos decidir **amar o outro**. Buscar no nosso interior os melhores recursos para oferecê-los ao próximo. Colocar todo o entusiasmo e alegria a serviço dos demais e, desse modo, deixar de lado as pequenezas materiais, honrando **a espiritualidade que há em cada um de nós** e que espera ser descoberta.

Entendo que tenhamos preguiça de rever redes completas quando queremos apenas ter uma opinião sobre um assunto qualquer. Acontece que o mundo está de ponta-cabeça. Pretendemos gerar pensamento começando pelo final em vez de organizar desde o começo.

Muitos estudiosos e pesquisadores da conduta humana observam o que há no aqui e agora, sem reconhecer **a distância entre o aparente e o verdadeiro. Entre o que se diz e o que se é.** Entre as nossas crenças e o desdobramento do nosso ser essencial. É comum em nossa civilização abordarmos as problemáticas do ser humano tomando como ponto de partida o adulto; por isso, chegamos a conclusões superficiais e sem transcendência.

Insisto que temos de voltar, várias vezes, ao ponto de partida, ainda que toda a origem seja, por sua vez, um recorte da realidade. O **nascimento** de um indivíduo é um princípio interessante para observar, em concordância com o seu desdobramento posterior. Por isso eu penso que seguir o fio cronológico e o desenvolvimento de cada experiência unida a todos e a cada um dos acontecimentos permitirá que nós nos aprofundemos no entendimento. No começo consideraremos a realidade de um indivíduo e, com o tempo, o somatório de muitos, até chegarmos a uma observação ampla, para nos aproximarmos da verdade de uma instância mais alta.

Os mecanismos que vamos aperfeiçoando para sobreviver são os que temos de detectar para, a seguir, transcendê-los, caso contrário, ficaremos fixados nas impossibilidades infantis. Acredito que pensar na **biografia humana** de cada indivíduo permitirá, no futuro, que pensemos em nossa **civilização** no conjunto, já que as feridas são as mesmas e as reações infantis, também.

Os mecanismos a levar em consideração — na vida individual e na coletiva — são variados, mas alguns estão presentes na maioria dos casos. Se partirmos do fato — que faz parte da lógica do patriarcado — de que **nossa mãe nos expulsou** do território de substância materna, é óbvio que logo nossa posteridade será o pertencimento. Quando desejamos pertencer a um território qualquer, ficamos prisioneiros do medo de voltar a sermos excluídos e pagaremos o preço que for necessário para sermos aceitos como parte desse lugar. Os lugares podem ser concretos — como clubes, grupos de amigos, sócios de uma comunidade, colégios de profissionais ou escolas —, ou sutis — como uma ideologia ou o somatório de crenças morais e religiosas. O pertencimento usa todos os nossos recursos, e não sobra nada para viver uma vida espiritual, ou seja, livre de comandos.

Os seres humanos passam a vida perdendo tempo com mesquinharias, em vez de nutrir a espiritualidade e o amor ao próximo. Esses são os estragos do desamor durante nossa infância. Para completar, nossas *ideias* não são verdadeiras, porque são sustentadas pelo medo, em vez de surgirem espontaneamente graças ao contato com o "si mesmo". Discutimos por bobagens e nos prendemos a enganos. A única verdade é que nós fomos **expulsos do território amoroso de nossa mãe,** e desde então estamos clamando por algum lugar de pertencimento emocional.

Outra verdade devastadora para a psique de uma criança é a **distância entre o discurso enganado materno e a realidade,** porque isso a lança em um universo sem regras claras, confuso e inatingível. Nossa maior reação será distorcer, por sua vez, nossa própria percepção dessa realidade, para sobrevivermos a um entorno hostil. A criação de novos e sofisticados discursos enganados não fará outra coisa a não ser trazer a confusão, inclusive entre os pensadores da conduta humana. Quero dizer exatamente isso: entre os intelectuais e os pensadores do mundo todo também circulam enganos transgeracionais e ignorâncias superlativas.

Com relação às problemáticas que abordei no livro, estamos de acordo que há poucos acontecimentos na vida mais desestruturantes do que sobreviver a um *cenário* de caos emocional. Uma das consequências de ter crescido nesses cenários é que não confiamos nos nossos próprios critérios, portanto, estamos submissos às decisões do outro. O pior é que esse pensamento, crença, ideologia, sistema moral ou psicológico, médico ou religioso não passa pelo nosso crivo, porque nós o consideraremos inapropriado. Além disso, não contamos com **referências internas** para decidir se algo proposto pelo entorno é útil para nós. Acho que essa é a base da submissão de povos com relação a certos dirigentes do arco ideológico ou político: a falta de critério próprio, que foi desativado desde o começo da nossa vida pelo **corte fusional de nossa mãe,** que, por sua vez, desaprovou e inabilitou qualquer sentimento, percepção ou vivência pura que tenhamos manifestado.

Assim é que muitos indivíduos — perdidos de si mesmos — buscam ordens internas falsas: os *bunkers.* Com o tempo — acreditando que só contarão com esse âmbito de segurança —, passam a se dedicar a defendê-lo com unhas e dentes. O que não sabemos é que tudo isso foi construído sobre um acúmulo de falsidade. Não é verdade que precisamos de um *bunker*, e não é verdade que exista algo para ser defendido. Na defesa ferrenha de ideias enganosas, esgotamos nossos melhores recursos espirituais e emocionais. É preciso contemplar essas dinâmicas tanto na vida particular quanto nas coletividades.

A energia, o tempo, as preocupações e a força que gastamos para nos defender do medo **por termos sido amparados quando fomos crianças são o verdadeiro desastre ecológico da nossa civilização.** Em tempos de internet, podemos acessar todo tipo de ofertas, portanto, eu acredito que é o momento de rever por que — apesar de tantas e tão boas propostas espirituais — as pessoas ainda estão presas em suas impossibilidades. Estou certa de que a vontade não é suficiente. Precisamos alcançar um estado de consciência, e essa consciência será obtida se — em primeiro lugar — conseguirmos olhar com olhos bem abertos para o que existe: a realidade completa, sem deixar pedaços inteiros fora do nosso campo de visão.

A **biografia humana** tem um propósito maior: que cada indivíduo possa se conectar com sua própria essência, que estava à vista no momento de nascer, mas que ninguém pôde perceber, alentar ou acompanhar para seu máximo desdobramento, e que ficou mascarada por nosso *personagem*. Se pudéssemos perceber que — antes de tudo — devemos nos conhecer e nos compreender, logo nos sentiremos responsáveis pelas decisões que tomarmos. Quero dizer que, se reconhecermos nossa imaturidade — que é fruto de não poder ter vivido a infância quando era para viver, ou seja, quando éramos crianças —, podemos nos transformar em adultos maduros. **Maduro é aquele que não está apegado a nada, que não tem medo, que sabe que tudo o que existe nesta vida é amor para dar. Amor ao próximo.**

E quanto às crianças? Como criá-las melhor? Entendo que o inconsciente coletivo me colocou em um suposto saber com relação à criação dos pequenos; entretanto, insisto que **inaugurar as buscas pensando nos filhos é começar pelo fim da trama**. Antes de pensar no que fazer com as crianças de hoje, temos de saber obrigatoriamente o que aconteceu conosco quando **fomos crianças**. E então temos de decidir o que fazer com o que nos aconteceu. Caso contrário, permaneceremos na imaturidade e — carregados de sentimentos e medos infantis — pretenderemos cuidar dos nossos filhos, ou, pior ainda, fantasiar que alguém nos dará um método eficaz para que nossos filhos sejam felizes. Isso é outro grande relato enganado. **As crianças só precisam de mães e pais que estejam em um estado de interrogação profunda e permanente**. Adultos sem medo, afirmando que nada de ruim vai acontecer com eles. Adultos dispostos a assumir suas realidades emocionais, portanto, abertos e permeáveis para fazer contato com a beleza que cada criança traz consigo.

Vou dizer mais uma vez: nossos filhos pequenos precisam de mães e pais em permanente busca espiritual. Para que os caminhos espirituais não sejam meros refúgios, mas sim caminhos de sinceridade, precisamos rever várias vezes nossa realidade. Ela contempla tudo aquilo que aconteceu conosco, ainda que não nos lembremos. Somente assim seremos capazes de **aceitar os nossos filhos** como eles são, com seus recursos, suas particularidades, sua sensibilidade, suas percepções e seus anjos. Se amadurecermos compreendendo que **não interessa se alguém nos ama**, mas sim que colocaremos nossos recursos a serviço do **amor ao outro** e, sobretudo, do **amor incondicional à criança**, todos se beneficiarão. Serão essas **crianças amadas** que construirão a sociedade do futuro: uma comunidade baseada no entendimento, no diálogo, na empatia, na compreensão e na disponibilidade. Serão essas crianças amadas que criarão a civilização amorosa que todos desejamos.

Guia para ler os meus livros

Para aqueles que ficaram curiosos ao terminar de ler *O que aconteceu na nossa infância e o que fizemos com isso* e querem saber mais, sugiro *A biografia humana*, *El poder del discurso materno* e *Amor o dominación. Los estragos del patriarcado* (nessa ordem). Esses livros são recomendados para homens e mulheres de qualquer idade, cor, orientação moral, religiosa, sexual, e com qualquer tipo de inquietações ou problemáticas.

Para as mães de crianças pequenas, sugiro *A maternidade e o encontro com a própria sombra* e *Puerperios y otras exploraciones del alma feminina*.

Para os pais de crianças pequenas, sugiro os mesmos dois livros acima.

Para quem sofre com transtornos alimentares ou para quem tem filhos que enfrentam problemas de bulimia, anorexia, compulsão ou outros distúrbios alimentares, sugiro fortemente *La revolución de las madres*. Esse livro também é uma boa recomendação para quem está lidando com dilemas relacionados à amamentação ou tem preocupações com a alimentação dos filhos.

Para os muito explosivos, os que vivem em conflito permanente ou estão em meio a guerras emocionais, divórcios complicados ou guerras interfamiliares, recomendo *Adicciones y violencias invisibles*.

Para quem não gosta de ler e procura algo mais objetivo, a sugestão é *Mulheres visíveis, mães invisíveis*.

Já para os que não gostam de ler, mas querem se divertir escolhendo livros com imagens, a indicação é *La familia ilustrada*. As crianças ADORAM ver os desenhos desse livro, que é uma graça.

Para aqueles que não gostam de ler nem um pouquinho e ficam entediados com textos mais longos, a dica é *Conversaciones con Laura Gutman*.

Aqueles que estão preocupados com o futuro do mundo devem ler *Amor o dominación. Los estragos del patriarcado*.

Há também os que preferem ver e ouvir em vez de ler, e para esses eu sugiro os vídeos disponíveis em www.lauragutman.com.ar.

Finalmente, para quem é obsessivo e deseja acompanhar o desdobramento de um pensamento, sugiro que leia meus livros na ordem conceitual, conforme foram descritos, a saber: *A maternidade e o encontro com a própria sombra, Puerperios y otras exploraciones del alma feminina, Adicciones y violencias invisibles, La revolución de las madres, Mulheres visíveis, mães invisíveis, La familia ilustrada, O poder do discurso materno, Amor o dominación. Los estragos del patriarcado, Conversaciones con Laura Gutman, A biografia humana* e *A civilização machucada*.

Este livro foi composto na tipografia ClassGarmnd
BT, em corpo 11,5/16,5, e impresso em
papel off-white no Sistema Cameron da
Divisão Gráfica da Distribuidora Record.